Andrea Erkert

Hurra!
Wir spielen
draußen

Illustrationen: Anne Wöstheinrich

Ökotopia Verlag, Münster

Impressum

Autorin   Andrea Erkert
Lektorin   text.[Marke] Katja Müllenmeister, Hamburg
Illustratorin Anne Wöstheinrich
Satz   Hain-Team, Bad Zwischenahn
ISBN   978-3-86702-175-3

1. Auflage
© 2012 Ökotopia Verlag, Münster

Inhalt

Einleitung

Kinder lieben es, bei nahezu jedem Wetter draußen zu spielen. Sie haben großen Spaß daran, Spielräume im Freien zu entdecken, zu erforschen und sich dabei auch mal außerhalb der Reichweite von Erwachsenen zu bewegen.

Kinder, die unter freiem Himmel spielen, atmen die frische Luft ein und erleben mit allen Sinnen den Wandel der Jahreszeiten in der Natur. Sie erfreuen sich besonders an den vielseitig verwendbaren Naturmaterialien, die sie im Freien entdecken. Anders als so manches vorgefertigtes Spielzeug beflügeln sie im höchsten Maße die Fantasie und tragen dazu bei, dass Kinder ausgiebig miteinander kommunizieren, die unterschiedlichsten Spielideen entwickeln und dabei äußerst kreativ sind.

Im Freien können Kinder so richtig in Bewegung kommen. Es bereitet ihnen viel Freude, draußen ihr Können zu zeigen und dabei ihre Grenzen auszutesten. Durch Laufen, Hüpfen, Klettern und vieles mehr gelingt es ihnen besonders gut, sich körperlich „auszupowern", sodass sie weitaus weniger genervt und aggressiv in bestimmten Situationen reagieren. Zudem werden durch die Aufenthalte im Freien die Abwehrkräfte gestärkt, aber auch die Motorik und Konzentration verbessert. Insgesamt wirkt sich das positiv auf das körperliche Wohlbefinden, die Lern- und Leistungsfähigkeit aus und führt dazu, dass das Unfallrisiko insbesondere im Straßenverkehr verringert wird.

Es liegt also auf der Hand, dass Kinder möglichst bei jedem Wetter nach draußen gehen und miteinander spielen sollten. Dabei können unterschiedliche Spielorte gewählt werden. Ein gepflasterter (Schul-)Hof oder eine geteerte Spielstraße eignen sich z. B. zum Seilhüpfen, Ballspielen und zum Kreidemalen. Eine große Wiese, auf der sich vor allem auch Büsche und Bäume befinden, bietet sich für Versteckspiele und ein großer Sandkasten für Sand- und Matschspiele an. Und ein nahegelegenes grünes Waldstück eignet sich nicht nur für Kletterspiele, sondern auch für Ruhespiele zum Entspannen und Träumen.

Das Buch enthält vielfältige Spielideen für Aktivitäten im Freien, für unterschiedlichste Gelegenheiten und Bedürfnissen. Insgesamt eignen sich die Spiele für Kinder **von 3 bis 8 Jahren** und können mit der ganzen Kindergruppe oder Schulklasse durchgeführt werden. Die Spiele wurden je nach ihrem Schwerpunkt den einzelnen Kapiteln zugeordnet, die alle einen kurzen Einführungstext enthalten. Für jedes Spiel werden die empfohlenen Altersangaben und gegebenenfalls die benötigten Materialien angegeben. Zum Spielen werden zum Teil Naturmaterialien und Straßenkreide verwendet. Darüber hinaus werden Bälle, Springseile & Co. benutzt, die allesamt vielseitig einsetzbar sind und die es ohnehin in jeder Einrichtung geben dürfte.
Gespielt wird entweder im Kreis oder auf einem überschaubaren rechteckigen oder qua-

dratischen Spielfeld, deren Ecken die Kinder mithilfe von Markierungskegeln oder ganz einfach mit ihren Jacken kennzeichnen können.

Im **ersten Kapitel** gibt es zahlreiche **Kreisspiele zum Aufwärmen und Begrüßen.** Dadurch, dass im Kreis gespielt wird, können die Kinder leicht aufeinander zugehen, sich gegenseitig begrüßen und dabei so ganz nebenbei ihre Muskeln lockern und aufwärmen.

Das **zweite Kapitel** enthält die unterschiedlichsten **Spiele zum Werfen, Rollen und Fangen.** Es wird mit Bällen, Reifen usw. gespielt, die Kinder besonders zum Bewegen motivieren. Dies schult die Schnelligkeit, das Reaktionsvermögen und die Bewegungskoordination.

Das **dritte Kapitel** umfasst zahlreiche **Spiele zum Laufen und Verstecken**, die allesamt auf einem großen überschaubaren Spielfeld stattfinden. Die Kinder fangen sich z. B. gegenseitig oder suchen in der Rolle des Detektivs oder der Detektivin nach etwas ganz Bestimmtem. So wird ihre Kondition insgesamt verbessert und das Beobachtungsvermögen gefördert.

Das **vierte Kapitel** beinhaltet viele **Spiele zum Hüpfen, Klettern und Balancieren.** Die Kinder spielen z. B. voller Freude Sackhüpfen, klettern auf eine Leiter oder balancieren auf einem großen Spinnennetz aus Seilen. Spielerisch trainieren sie so ihren Gleichgewichtsinn und lernen sich selbst besser einzuschätzen.

Das **fünfte Kapitel** enthält vielfältige **Spiele zum Malen, Sandeln und Matschen.** Die Kinder entdecken ihre künstlerische Seite, indem sie z. B. Kreidebilder malen oder mit dem Gemisch aus Sand und Wasser Skulpturen herstellen, die sie zum Teil für Ratespiele weiterverwenden. Auf diese Weise werden Fantasie und Kreativität geschult und nicht zuletzt das Gedächtnis trainiert.

Im **sechsten Kapitel** dreht sich alles um **Sonne, Wind und Regen.** In Windeseile wechseln die Kinder ihre Schattenplätze oder reagieren auf die Wettervorhersage, die die Spielleitung durchgibt. Zudem gibt es eine Vielzahl an Spielen, bei denen sie in aller Ruhe ihr Wissen rund um das Thema „Wetter" vertiefen und erweitern.

Das **siebte Kapitel** bietet jede Menge **Spiele zum Ruhigwerden und Entspannen** in der freien Natur. Die Kinder lernen im Wald oder auf der Wiese zur Ruhe zu kommen, ihren natürlichen Lebensraum zu genießen und zu schätzen und dabei so ganz nebenbei neue Kraft für kommende Aufgaben zu tanken.

Das **achte Kapitel** beinhaltet viele **Spiele für jede Gelegenheit**, bei denen nicht nur die Kinder, sondern auch deren Geschwister und Eltern mitmachen können. Sie ermöglichen eine Vielzahl an Begegnungen und positiven Spielerlebnissen, die allen bestimmt noch lange in guter Erinnerung bleiben.

Und nun wünsche ich allen viel Spaß beim Spielen an der frischen Luft,

Andrea Erkert

Willkommen im Spielkreis

16 Kreisspiele zum Aufwärmen und Begrüßen

Kreisspiele sind nahezu überall möglich und bei Kindern überaus beliebt, da sie im Kreis untereinander einen guten Blickkontakt herstellen, aufeinander zugehen, Kontakte knüpfen und ein gutes Wir-Gefühl entwickeln können. Hinzu kommt, dass im Kreis die Spielregeln leicht befolgt und eingehalten werden können, sodass alle Kinder von Anfang an motiviert mitmachen. Besonders stolz sind viele Kinder, wenn sie in die Kreismitte treten und ihr Können zeigen dürfen. Indem die Kinder einen Innen- und Außenkreis bilden, sind viele weitere Spielvarianten möglich.

Allerdings machen Kreisspiele, die zum Aufwärmen und Begrüßen eingesetzt werden, nur dann viel Spaß, wenn genügend Platz zum Bewegen vorhanden ist. Aus diesem Grund bieten sich schwungvolle Kreisspiele im Freien hervorragend an, da weder Tische noch Stühle zur Seite gerückt werden müssen, um einen großen Kreis zu bilden. Vielmehr können draußen Kreisspiele selbst mit einer größeren Kindergruppe problemlos umgesetzt werden, sodass alle miteinander in Kontakt kommen und dabei so ganz nebenbei ihre Muskeln lockern und aufwärmen. Als Begrüßungs- bzw. Aufwärmspiele eignen sie sich zudem gut als Einstieg für weitere Aktivitäten im Freien.

Begrüßung im Spielkreis

Alter: ab 3 Jahren

Die Kinder und die Spielleitung bewegen sich auf einem überschaubaren Spielfeld. Sie recken und strecken sich, hüpfen und springen nach Herzenslust, um locker und warm zu werden. Die Spielleitung geht auf ein beliebiges Kind zu, um es mit Handschlag zu begrüßen. Hand in Hand gehen beide auf ein weiteres Kind zu und begrüßen es ebenfalls. Zu dritt setzen sie ihren Weg fort, bis ihnen ein weiteres Kind begegnet. Halten sich alle an der Hand, bildet die Gruppe einen Kreis. Die Spielleitung heißt alle im Spielkreis *„Herzlich Willkommen!"*.

Gruß-Parcours

Alter: ab 3 Jahren
Material: 1 Trillerpfeife

Alle Kinder außer einem stellen sich in einem großzügigen Spielkreis auf und hüpfen im Uhrzeigersinn wie die Frösche. Das eine Kind läuft im Slalom um die anderen Kinder herum. Pfeift die Spielleitung mit der Trillerpfeife, bleiben alle Kinder stehen. Das Kind wendet sich nun dem Kind zu, das jetzt direkt vor ihm steht, und begrüßt es mit Handschlag. Beide wechseln ihre Plätze und eine neue Spielrunde fängt an.

Varianten

Anstatt wie ein Frosch zu springen, können die Kinder im Uhrzeigersinn z. B. so wie

- ein Känguru springen,
- ein Elefant stampfen,
- ein Hampelmann hüpfen.

Hey, komm mit!

Alter: ab 5 Jahren
Material: 1 Handtrommel

Alle Kinder bilden einen Spielkreis. Die Spielleitung trommelt mit der Handtrommel. Ein Kind läuft zum Rhythmus des Trommelspiels außen um den Spielkreis herum. Stoppt die Trommel, bleibt es stehen. Es tippt das neben ihm im Spielkreis stehende Kind an und ruft: *„Hey, komm mit!"* Das angesprochene Kind stellt sich vor dem anderen im Außenkreis auf und fasst seine Hand. Setzt die Handtrommel wieder ein, laufen beide im Schlepptau um den Spielkreis. Stoppt die Trommel erneut, tippt das vorderste Kind ein nächstes Kind aus dem Spielkreis an. So wird die Kinderschlange im Außenkreis immer länger. Erst, wenn alle Kinder wieder einen einzigen großen Kreis bilden, ist das Spiel aus.

Zufallsbegegnungen

Alter: ab 5 Jahren
Material: 1 Handtrommel

Die Kinder bilden einen großzügigen Außen- und einen engen Innenkreis mit jeweils der gleichen Anzahl Kinder. Die Spielleitung schlägt die Trommel. Zum Rhythmus des Trommelspiels laufen alle Kinder im Außenkreis links und alle Kinder im Innenkreis rechts herum. Stoppt das Trommelspiel, bleiben alle stehen. Beide Gruppen drehen sich nun zueinander, sodass sie sich gegenseitig gut ansehen können. Jeweils die zwei gegenüberstehenden Kinder gehen einen kleinen Schritt aufeinander zu, um sich gegenseitig mit Handschlag zu begrüßen. Setzt das Trommelspiel wieder ein, gehen alle Kinder in die Ausgangsposition zurück und die nächste Spielrunde beginnt.

Varianten
Anstatt zu laufen, können alle Kinder z. B.:
* mit geschlossenen Beinen hüpfen,
* auf einem Bein hopsen,
* rückwärtslaufen.

Hallo, ihr zwei!

Alter: ab 4 Jahren
Material: 1 weiße Straßenkreide, 1 Handtrommel

Auf den Asphalt oder das Kopfsteinpflaster zeichnet die Spielleitung einen großzügigen Kreis mit Kreide, auf dem sich die Kinder verteilen. Die Spielleitung holt sich eine Trommel. Zum Rhythmus des Trommelspiels laufen die Kinder im Uhrzeigersinn entlang der eingezeichneten Kreislinie. Verstummt das Trommelspiel, laufen alle Kinder einmal rasch in der Mitte des Kreises zusammen und suchen sich dann so schnell wie möglich einen neuen Platz auf dem eingezeichneten Kreis. Sie begrüßen das jeweilige linke und rechte Nachbarkind mit Handschlag. Setzt die Trommel erneut ein, beginnt eine neue Spielrunde.

Varianten
Zum Rhythmus des Trommelspiels können die Kinder im Uhrzeigersinn auf der Kreisbahn z. B.:
* stampfen,
* krabbeln oder
* hüpfen.

Grußkarten-Express

Alter: ab 4 Jahren
Material: 1 Grußkarte, 1 Stoppuhr oder Uhr mit Sekundenzeiger

Die Kinder stellen sich im Kreis auf. Ein beliebiges Kind erhält eine Grußkarte von der Spielleitung. Diese Karte soll gegen den Uhrzeigersinn an das rechte Nachbarkind verschickt werden. Das ausgewählte Kind joggt auf der Stelle und übergibt die Karte rasch seinem linken Nachbarn. Dieses joggt ebenfalls auf der Stelle und reicht die Karte zügig an die nächste Person im Kreis weiter. So wird die Karte von Hand zu Hand weitergegeben. Hat die Karte ihr Ziel erreicht, stoppt die Spielleitung die Zeit. Ausgehend von einem anderen Kind kann das Spiel beliebig oft wiederholt werden. Vielleicht kann die Karte in der zweiten Runde noch schneller verschickt werden?

Hallo und jetzt?

Alter: ab 4 Jahren
Material: für jedes Kind 1 Gymnastikreifen

Die Kinder ordnen alle Reifen in einem großen Spielkreis auf dem Boden an und stellen sich in die Reifen. Ein Kind legt seinen Reifen in die Mitte dieses Kreises und stellt sich im Reifen auf. Die anderen Kinder begrüßen es durch ein lautes: *„Hallo!"* Das Kind in der Mitte überlegt sich eine Bewegung und springt z. B. wie ein Hampelmann. Alle anderen Kinder machen einfach mit. Springt das Kind in der Mitte aus seinem Reifen, müssen sich alle Kinder und somit auch das Kind in der Mitte rasch einen neuen Reifen aus dem äußeren Reifenkreis suchen. Findet ein Kind keinen Reifen, kommt es in die Mitte. In der nächsten Spielrunde hüpfen die Kinder z. B. wie die Frösche in den Reifen.

Gruß-Wettlauf

Alter: ab 4 Jahren
Material: verschiedene Naturgegenstände (z. B. Zapfen, Pflanzenblätter, Zweige, Kieselsteine) für die Mehrzahl der Kinder, 3 gleiche Naturgegenstände für 3 Kinder, 1 Handtrommel

Alle Kinder außer drei erhalten von der Spielleitung verschiedene Naturgegenstände und bilden einen Kreis. Sie legen die Naturmaterialien direkt vor ihren Füßen ab. Die drei Kinder bekommen von ihr jeweils den gleichen Naturgegenstand, wie z. B. ei-

nen Kieselstein. Eines der drei Kinder geht mit seinem Gegenstand in die Kreismitte. Die beiden anderen suchen sich einen möglichst weit auseinanderliegenden Platz im Spielkreis aus. Die Spielleitung holt sich eine Trommel. Alle Kinder im Spielkreis laufen im Uhrzeigersinn zum Rhythmus des Trommelspiels, bis es stoppt. Jedes Kind schaut nun auf den Naturgegenstand, der sich gerade vor seinen Füßen befindet. Die beiden Kinder, die den gleichen Gegenstand vor sich liegen haben wie das Kind in der Mitte, flitzen rasch zu diesem Kind, um es mit Handschlag zu begrüßen. Wer von beiden wird wohl am schnellsten dem Kind die Hand zur Begrüßung geben? Das betreffende Kind darf jetzt in die Mitte und wartet gespannt ab, von wem es in der nächsten Spielrunde begrüßt wird.

Hallo, hüpf!

Alter: ab 4 Jahren
Material: 2 Hüpfsäcke

Alle Kinder mit Ausnahme von zwei Kindern bilden einen Spielkreis. Die beiden Kinder stellen sich Rücken an Rücken in der Kreismitte auf. Die Spielleitung begrüßt beide Kinder mit Handschlag und überreicht ihnen jeweils einen Hüpfsack, in den sie hineinsteigen. Sie halten ihre Säcke auf Brusthöhe fest zusammen und hüpfen zu jeweils einem freien Kind im Kreis, um es ebenfalls mit Handschlag zu begrüßen. Die Hüpfsäcke wechseln ihre Besitzer und die neuen Besitzer hüpfen jeweils zu einem anderen Kind. Gleichzeitig schließen die ersten Sackhüpfer die Lücken des Spielkreises und hüpfen mit geschlossenen Beinen auf der Stelle. Sie dürfen in dieser Spielrunde kein zweites Mal angesteuert werden. Das Spiel ist aus, wenn alle Kinder im Spielkreis auf und ab hüpfen.
Hinweis: Während die Hüpfsäcke ihren Besitzer wechseln, dürfen alle Kinder eine Atempause einlegen!

Ball-Gruß

Alter: ab 5 Jahren
Material: 1 Softball, 1 Handtrommel

Die Kinder bilden einen Kreis. Ein beliebiges Kind erhält von der Spielleitung einen Ball und stellt sich in die Kreismitte. Die Spielleitung trommelt mit der Handtrommel. Alle Kinder laufen zum Rhythmus des Trommelspiels im Uhrzeigersinn im Kreis herum, bis das Trommelspiel stoppt. Sofort bleiben alle Kinder stehen und wenden sich dem Kind in der Mitte zu. Es wirft den Ball dem Kind zu, das ihm im Spielkreis direkt gegenübersteht, und sagt laut: „*Hallo!*" Beide Kinder tauschen nun ihre Plätze. Steht das neue Kind in der Mitte, setzt das Trommelspiel wieder ein und eine neue Spielrunde beginnt. Das Spiel ist aus, wenn alle Kinder wenigstens einmal den Ball fangen konnten und begrüßt wurden.

Variante für jüngere Kinder
Das Spiel verläuft so, wie oben beschrieben. Statt zu werfen, kickt das Kind in der Mitte den Ball mit seinem Fuß zum gegenüberstehenden Kind.

Wer winkt denn da?

Alter: ab 5 Jahren
Material: für jeweils 3–5 Kinder
1 bestimmter Naturgegenstand (z. B. Tannenzweig, Kieselstein und Kastanie)

Vorbereitung
Die Spielleitung legt verschiedene Naturgegenstände aus. Die Kinder bilden Kleingruppen. Jede Gruppe entscheidet sich für einen Naturgegenstand. Die jeweiligen Gegenstände werden in den Gruppen ausgeteilt.

Spielablauf
Die Kinder der Gruppen kommen zusammen und bilden einen großen Spielkreis. Dabei sollten die Kinder der einzelnen Gruppen möglichst nicht nebeneinander stehen. Jedes Kind legt seinen Naturgegenstand direkt vor seinen Füßen ab. Immer wenn die Spielleitung einmal laut in die Hände klatscht und dabei „*Links!*" ruft, machen die Kinder einen großen Schritt im Uhrzeigersinn nach links, sodass sie vor einem neuen Naturgegenstand stehen. Sollte sie jedoch einmal kräftig auf den Boden stampfen und dabei „*Rechts!*" rufen, machen alle einen großen Schritt gegen den Uhrzeigersinn. Nach einer Weile steigert sie das Tempo, sodass sich die Kinder immer schneller entweder nach links oder rechts herum im Kreis bewegen. Streckt sie jedoch beide Arme in die Luft, bleiben alle Kinder sofort stehen. Sie benennt einen Naturgegenstand. Die Kinder, die diesen Naturgegenstand vor sich liegen haben, winken sich gegenseitig zu. Die nächste Spielrunde kann beginnen.

Treffpunkt Kreismitte

Alter: ab 4 Jahren
Material: für jeweils 2–4 Kinder
1 bestimmter Naturgegenstand (z. B.
1 Pflanzenblatt, 1 Grashalm und 1 Stück
Rinde), 1 Handtrommel

Vorbereitung
Die Spielleitung legt verschiedene Naturgegenstände auf einem überschaubaren Spielfeld aus.

Spielablauf
Alle Kinder wählen einen Naturgegenstand
aus und bilden einen Spielkreis um die Spielleitung herum. Sie joggen auf der Stelle. Die
Spielleitung trommelt mit der Handtrom

mel. Die Kinder reichen zu jedem Trommelschlag die Naturgegenstände von Hand zu
Hand im Uhrzeigersinn weiter. Verstummt
das Trommelspiel, bleiben alle Kinder stehen. Die Spielleitung nennt einen beliebigen
Naturgegenstand. Die Kinder, die diesen
Naturgegenstand in den Händen halten,
laufen in die Kreismitte, um sich rasch mit
beiden Händen gegenseitig abzuschlagen
und dabei zu begrüßen. Erst wenn alle Kinder wieder auf ihrem Ausgangsplatz stehen,
beginnt eine neue Spielrunde.

Schlag ein!

Alter: ab 5 Jahren

Die Kinder bilden einen Innen- und einen Außenkreis. Und zwar so, dass sich immer die Kinder, die sich direkt gegenüberstehen, gegenseitig berühren können. Die Spielleitung gibt ein Startzeichen. Alle Kinder bewegen sich im Uhrzeigersinn im Kreis, bis sie „*Stopp!*" ruft. Die Kinder bleiben stehen. Die Spielleitung sagt z. B. „*Die Hände begrüßen sich!*", jedes Kind klatscht sein Partnerkind daraufhin mit den Händen ab. Nach einem kurzen Augenblick setzen sich die Kinder wieder in Bewegung, das Spiel geht weiter.

Varianten
- „*Die Finger begrüßen sich!*"
- „*Die Schultern begrüßen sich!*"
- „*Die Füße begrüßen sich!*"
- „*Die Popos begrüßen sich!*"
- „*Irgendwelche Körperteile begrüßen sich!*"

Hinweis: Erfolgen verschiedene Anweisungen kurz hintereinander, ist das Gelächter sicher besonders groß.

Hallo, vergiss mich nicht!

Alter: ab 4 Jahren

Alle Kinder bilden einen Kreis. Zwei Kinder stellen sich in die Kreismitte. Das erste Kind sucht sich drei bis fünf Kinder aus, die es rasch der Reihe nach mit Handschlag begrüßt. Das zweite Kind beobachtet alles genau. Die Kinder im Spielkreis setzen sich im Uhrzeigersinn in Bewegung. Ruft das erste Kind „*Stopp!*", bleiben alle Kinder wieder stehen. Das zweite Kind begrüßt jetzt alle Kinder mit Handschlag, die bereits vom ersten Kind begrüßt wurden. Hat es keines der Kinder vergessen, leitet es selbst eine neue Spielrunde ein. Andernfalls startet eines der vergessenen Kinder das neue Spiel.

Gib mir fünf!

Alter: ab 5 Jahren

Alle Kinder stellen sich mit Abstand im Kreis auf. Ein Kind befindet sich in der Kreismitte. Es geht auf ein anderes zu, um es mit einem lauten „*Hey!*" zu begrüßen und dabei mit einer Hand abzuklatschen. Beide nehmen sich bei der Hand und gehen auf ein anderes Kindes zu. Das zweite Kind begrüßt dieses Kind auch mit einem lauten „*Hey!*" und klatscht es mit der freien Hand ab. Auch das dritte Kind gesellt sich zu den anderen beiden, sodass sie nun eine Dreierkette bilden. Haben sich alle Kinder nach und nach dem Ausgangskind angeschlossen, entsteht ein neuer geschlossener Spielkreis. Die Spielleitung stellt sich in die Mitte und begrüßt jetzt alle Kinder mit einem lauten „*Hey!*"

und tut dabei so, als ob sie jemand mit der Hand abklatscht.

Variante für jüngere Kinder

Ein beliebiges Kind stellt sich in die Kreismitte. Es läuft auf ein anderes zu, um es mit beiden Händen abzuklatschen. Dabei sagt es laut *„Hey!"*. Das betreffende Kind erwidert den Gruß, tauscht mit ihm den Platz und setzt das Begrüßungsspiel, wie beschrieben, fort.

Merhaba! – Hallo!

Alter: ab 5 Jahren
Material: 1 Softball

Alle Kinder stehen im Kreis. Die Spielleitung wählt ein Kind aus, das sich mit dem Ball in die Kreismitte stellt. Es wirft den Ball einem beliebigen Kind zu und ruft z. B. auf Türkisch: *„Merhaba!"* Das Kind grüßt zurück, indem es z. B. auf Deutsch *„Hallo!"* erwidert. Danach tauschen beide Kinder ihre Plätze. Nun wirft das Kind den Ball dem nächsten Kind, das vorab links von ihm stand, zu. Dabei sagt es wieder laut *„Hallo!"*. Das Kind fängt den Ball und grüßt zurück, indem es z. B. auf Französisch *„Salut!"* ruft. Anschließend tauschen beide ihre Plätze. Erst wenn alle Kinder hintereinander im Uhrzeigersinn begrüßt wurden, ist das Spiel beendet.

Weitere Beispiele für internationale Begrüßungen:

- *„Hello!"* oder *„Hey!"* (Englisch)
- *„Bonjour!"* (Französisch)
- *„Hola!"* (Spanisch)
- *„Ciao!"* (Italienisch)
- *„Olá!"* (Portugiesisch)

Ballzauber, Reifenspaß & Co.

18 Spiele zum Werfen, Rollen und Fangen

Bei schönem Wetter macht das Spielen mit Bällen, Reifen & Co. sehr viel Freude, welches in fast allen Kulturen rund um den Erdball eine lange Tradition hat. Derartige Spiele können hervorragend auf Bolzplätzen, auf dem Asphalt und zum Teil auch auf Wiesen gespielt werden. Besonders beliebt ist der vielfältig nutzbare Ball, den es in den unterschiedlichsten Größen, Materialien und Farben gibt, sodass garantiert für jedes Kind und Spiel ein passender Ball dabei ist.

Obwohl Spiele mit Bällen, Reifen & Co. prinzipiell auch alleine oder zu zweit gespielt werden können, werden in diesem Kapitel hauptsächlich Gruppenspiele vorgestellt, in denen u. a. die körperliche Geschicklichkeit, die Koordination, die Ausdauer und das Reaktionsvermögen geschult werden. Dabei gibt es auch Spiele, in denen einzelne Gruppen gegeneinander antreten und Teamgeist entwickeln können. Beim Spielen wird zudem die Fantasie und Kreativität angeregt. So entstehen beinahe wie von selbst immer wieder neue schöne Spielideen, die aufgegriffen und miteinander ausprobiert werden können.

Spielfass-Hindernislauf

Alter: ab 5 Jahren
Material: Gymnastikseile, 1 Spielfass,
1 Trillerpfeife, 1 Stoppuhr oder Uhr mit
Sekundenzeiger; evtl. 1 großer Softball,
1 Tennisball

Vorbereitung
Die Spielleitung verknotet mehrere Seile
miteinander und legt daraus einen Parcours,
der z. B. an einem Busch vorbei, um einen
Baum herum, über einen niedrigen Baum-
stumpf und jede Menge Kieselsteine führen
kann.

Spielablauf
Die Hälfte der Gruppe stellt sich der Reihe
nach am Parcours-Anfang auf und erhält
von der Spielleitung das Spielfass. Alle anderen Kinder stellen sich gereiht am Parcours-
Ende auf. Pfeift die Spielleitung, rollt das
erste Kind das Spielfass entlang den Seilen
und überwindet dabei die verschiedenen
Hindernisse. Am Parcours-Ende angekommen, übergibt es das Fass dem vordersten
Kind aus der Reihe, das nun das Spiel in um-
gekehrter Richtung fortsetzt. Kind eins
stellt sich währenddessen am Reihenende
wieder an. Erst wenn beide Gruppen den
Parcours einmal komplett überwunden haben, stoppt die Spielleitung die Zeit. Ein
neues Spiel beginnt, vielleicht mit einer besseren Zeit!?

Variante für jüngere Kinder
Die Kinder verwenden kein Spielfass, sondern einen Softball oder gar einen Tennisball. Anders als im ersten Spiel stellen sich
alle hintereinander am Anfang des Seilpar-
cours auf. Danach dürfen sie der Reihe nach
den Ball entlang der Seile rollen und schließlich wieder auf dem schnellsten Weg zurückkehren.

Ufos in Sicht!

Alter: ab 6 Jahren
Material: für die Hälfte der Gruppe 1 Soft-
Wurfscheibe (z. B. aus Vinyl), 1 Stoppuhr,
1 Trillerpfeife

Die Spielleitung wählt ein überschaubares
Spielfeld aus. Sie teilt die Kinder in zwei
gleich große Gruppen ein. Die Kinder aus
der ersten Gruppe erhalten jeweils eine
Wurfscheibe und stellen sich am Spielfeldrand auf. Alle anderen Kinder befinden sich
auf dem Spielfeld. Pfeift die Spielleitung mit
der Trillerpfeife, werfen sie ihre Wurfscheiben auf das Spielfeld. Ziel: So viele Wurfscheiben wie möglich auf dem Spielfeld platzieren. Das wiederum möchte die zweite
Gruppe mit aller Kraft verhindern, indem
sie die Wurfscheiben einsammelt und wieder aus dem Spielfeld wirft. Nach fünf Minuten pfeift die Spielleitung das Spiel ab. Wo
liegen jetzt die meisten Ufos bzw. Wurfscheiben? Die Gruppe, die weniger Wurfscheiben als die andere zählt, gewinnt das
Spiel.

Fangen mit Zahlen

Alter: ab 5 Jahren
Material: 1 großer Softball

Auf einem überschaubaren Spielfeld gehen die Kinder kreuz und quer durcheinander und denken sich Zahlen von eins bis zehn aus. Eines von ihnen erhält von der Spielleitung einen Softball. Es sagt z. B. laut *„Zähl bis fünf!"* und wirft den Ball einem weiteren Kind zu. Dieses Kind ruft *„Eins!"* und wirft den Ball weiter an das nächste Kind, das laut *„Zwei!"* ruft. Auf diese Art wird bis *„Fünf!"* durchgezählt. Bei *„Fünf"* laufen alle Kinder dem Kind mit dem Ball davon. Wirft es eines der Kinder mit dem Ball ab, beginnt eine neue Spielrunde.

Triff den Baum!

Alter: ab 5 Jahren
Material: für jedes Kind 1 kleiner Softball, 1 Stoppuhr oder Uhr mit Sekundenzeiger

Immer vier bis sechs Kinder bilden einen Spielkreis um einen Baum herum und erhalten von der Spielleitung jeweils einen kleinen Softball. Sie laufen im Uhrzeigersinn um den Baum herum, bis die Spielleitung *„Stopp!"* ruft. Alle Kinder bleiben stehen, um mit ihren Softbällen auf den Baum zu zielen. Die Kinder, denen es gelingt, den Baum mit ihrem Ball zu treffen, knien sich auf den Boden. Sie gehen in der nächsten Spielrunde einen großen Schritt zurück, um den Abstand zwischen ihnen und dem Baum zu vergrößern. Das erhöht den Schwierigkeitsgrad.

Werft in einen Korb!

Alter: ab 4 Jahren
Material: 1 großer Einkaufskorb, dicke Paketschnur, für die Hälfte der Kinder jeweils 1 kleiner Softball, 1 Stoppuhr oder Uhr mit Sekundenzeiger

Vorbereitung
Die Spielleitung befestigt einen großen Einkaufskorb mithilfe einer dicken Paketschnur an einem weit zur Seite herausragenden stabilen Ast, der sich in Bodennähe befinden muss.

Spielablauf
Die Kinder bilden zwei gleich große Gruppen. Gruppe eins beginnt. Alle Kinder werfen nacheinander mit ihren Softbällen auf den herabhängenden Korb, um den Ball zu versenken. Dabei dürfen sich jüngere Kinder direkt vor den Korb stellen. Nach drei Minuten pfeift die Spielleitung das Spiel ab und zählt die Bälle im Korb. Die zweite Gruppe wiederholt das Spiel. Die Gruppe, die am Ende die meisten Bälle in den Korb werfen konnte, gewinnt das Spiel. Für eine neue Runde mischen sich die Gruppen neu.

Reifenstopp

Alter: ab 5 Jahren
Material: für jede Dreiergruppe
1 Gymnastikreifen; evtl. 1 Softball

Immer drei Kinder stehen in einer Reihe und erhalten jeweils einen Gymnastikreifen von der Spielleitung. Eines von ihnen stellt ihn senkrecht neben sich auf und rollt ihn möglichst weit nach vorne. Es ruft laut: *„Schnell, lauft zu dem Reifen!"* Die beiden anderen Kinder laufen los, um den Reifen zu schnappen. Und zwar bevor dieser auf den Boden fällt und liegen bleibt. Das Kind, dem die Aufgabe gelingt, erhält in der nächsten Spielrunde den Reifen. Falls jedoch beide den Reifen nicht stoppen, wiederholt das Ausgangskind das Spiel.

Variante für jüngere Kinder

Jede Dreiergruppe erhält einen Softball. Ein Kind aus jeder Gruppe kickt den Ball möglichst weit nach vorne. Ruft das Kind *„Schnell, lauft zu dem Ball!"*, rennen die beiden anderen los, um den Ball mit den Füßen zu stoppen. Wer es als Erstes schafft, erhält in der nächsten Spielrunde den Ball.

Ufo-Jagd

Alter: ab 5 Jahren
Material: 1 Soft-Wurfscheibe; evtl. 1 großer Softball

Ein beliebiges Kind erhält von der Spielleitung eine Wurfscheibe, die ein Ufo darstellt. Alle anderen Kinder spielen Ufo-ForscherInnen und versammeln sich um das Kind herum. Das Kind wirft die Scheibe möglichst weit. Ruft es laut *„Ufo-Jagd!"* laufen alle ForscherInnen so schnell wie möglich los, um das Ufo zu erreichen. Wer von ihnen wird als Erstes das Ufo vom Boden aufheben oder gar im Flug fangen können? Das betreffende Kind ruft alle herbei und startet eine neue Spielrunde.

Variante für jüngere Kinder

Ein Kind wirft einen Ball möglichst weit weg. Wer wird wohl als Erstes den Ball erreichen?

Verfolgungsjagd mit Ball

Alter: ab 5 Jahren
Material: 1 kleiner Softball

Alle Kinder außer einem bilden einen großzügigen Spielkreis und stellen sich breitbeinig mit dem Gesicht zur Kreismitte auf. Ein Kind erhält von der Spielleitung einen kleinen Softball und läuft im Uhrzeigersinn um den Kreis herum. Irgendwann rollt es den Ball durch die Beine eines beliebigen Kindes hindurch. Eine Verfolgungsjagd beginnt: Das Kind aus dem Spielkreis schnappt sich den Ball, läuft hinter dem anderen Kind her und zielt mit dem Ball auf das Kind. Wirft es das vor ihm laufende Kind ab, darf es selbst in den Spielkreis zurück und das vom Ball getroffene Kind versucht sein Glück ein zweites Mal. Schlüpft das vor ihm laufende Kind jedoch vorher in die Kreislücke, behält es den Ball und startet selbst eine neue Spielrunde.

Schatz-Ring

Die PiratInnen wollen ihren Schatz untereinander aufteilen. Allerdings bekommen nur diejenigen den größten Anteil, die besonders gut werfen und zielen können.

Alter: ab 5 Jahren
Material: für jedes Kind 1 Kopftuch, 1 Wurfring, Edelsteine, Perlen, Armreifen o. Ä. und ggf. Augenklappen, Ohrclips, 1 Augenbrauenstift; evtl. 1 großer Softball

Vorbereitung

Die Kinder falten ihre Tücher zu einem Dreieck. Die Spielleitung verknotet die Tücher am Kopf der Kinder zu einem Piratentuch. Wer möchte, trägt eine Augenklappe, Ohrclips und lässt sich von der Spielleitung ein paar Bartstoppeln mithilfe eines Augenbrauenstifts im Gesicht aufmalen.

Spielablauf

Die Spielleitung verteilt auf einem überschaubaren Spielfeld verschiedene Gegenstände, wie z. B. Edelsteine, die die PiratInnen ergattern möchten. Die Piraten-Kinder stehen vor dem Spielfeld. Nacheinander zielen sie mit dem Wurfring auf einen Gegenstand. Liegt etwas im Ring, dürfen sie den Gegenstand behalten. Erst wenn alle Gegenstände erbeutet wurden, zählen die einzelnen Piraten-Kinder ihre Gegenstände und sind gespannt, wer die meisten ergattert hat.

Variante für jüngere Kinder

Mit einem großen Softball zielen die Piraten-Kinder der Reihe nach auf die einzelnen Gegenstände auf dem Spielfeld.

Ball gegen Reifen

Das folgende Spiel verläuft so ähnlich wie das klassische Kinderspiel „Ochs am Berg". Im Gegensatz zu dem ursprünglichen Kinderspiel kommen nun auch ein Ball und Hula-Hoop-Reifen zum Einsatz.

Alter: ab 5 Jahren
Material: für ein Kind 1 Softball, für alle anderen Kinder 1 Hula-Hoop-Reifen

Ein Kind bekommt von der Spielleitung einen Softball und stellt sich mit dem Gesicht zur Hauswand ca. einen Meter davor auf. Alle anderen Kinder stellen sich in Abstand von ca. zehn Metern dem Kind gegenüber in einer Reihe auf und zwar so, dass sie das Kind gut sehen können. Jedes erhält von der Spielleitung jeweils einen Reifen, den es senkrecht neben sich auf den Boden stellt und mit einer Hand festhält. Das Kind mit dem Softball ruft laut eine Zahl von eins bis zehn und prellt den Ball dementsprechend oft gegen die Hauswand. Alle anderen Kinder rollen ihren Reifen möglichst schnell auf das Kind zu. Ist das Kind mit dem Ballprellen fertig, dreht es sich um. Alle anderen

Kinder bleiben wie versteinert stehen. Bewegt sich ein Kind, muss es wieder auf seinen Ausgangsplatz zurückgehen. Das Spiel endet, wenn ein Kind mit seinem Reifen neben dem Kind an der Hauswand steht. Beide tauschen die Plätze und das Spiel beginnt von Neuem.

Variante für jüngere Kinder

Das Spiel wird ohne Reifen gespielt. Das Kind, das mit dem Gesicht zur Hauswand steht, nennt eine Zahl von eins bis sechs und wirft den Ball genauso oft in die Luft und zwar so, dass es ihn leicht wieder auffangen kann. Danach dreht es sich blitzschnell um. Wer sich dann noch bewegt, muss zurück zur Startlinie.

Ball-Staffellauf

Alter: ab 5 Jahren
Material: 8 Markierungskegel, 2 Softbälle,
1 Trillerpfeife

Die Kinder bilden zwei gleich große Gruppen, die sich parallel in zwei Reihen hintereinander aufstellen. Die Spielleitung stellt vor jede Gruppe zum Slalomlaufen vier Markierungskegel der Reihe nach auf den Boden. Die ersten Kinder aus jeder Gruppe erhalten jeweils einen Softball. Pfeift die Spielleitung, laufen beide Kinder los. Sie rollen ihre Bälle mit den Händen möglichst schnell im Slalom um die einzelnen Kegel herum. Am letzten Kegel angekommen, laufen sie auf dem gleichen Weg zurück. Allerdings werden jetzt die Bälle auf den Boden geprellt. Ist ein Kind wieder am ersten Kegel angekommen, bleibt es stehen und wirft seinen Ball dem vordersten Kind aus seiner Gruppe zu. Das Kind fängt den Ball und setzt den Ball-Staffellauf auf die gleiche Art fort. Das Spiel ist aus, wenn das erste Kind einer Gruppe wieder am Anfang der Reihe steht.

Variante für jüngere Kinder

Nacheinander und in aller Ruhe dürfen die Kinder einen Ball im Slalom um die Markierungskegel herum rollen. Danach halten sie den Ball in den Händen und hüpfen auf dem schnellsten Weg zur Gruppe zurück.

Auf die Trommel, fertig, los!

Alter: ab 5 Jahren
Material: für alle Kinder außer einem
1 Hula-Hoop-Reifen und etwas zum
Werfen (z. B. 1 Ball, 1 Soft-Wurfscheibe
oder 1 Wurfring), 1 Handtrommel; evtl.
für jedes Kind 1 großer Softball

Die Kinder legen ihre Reifen der Reihe nach auf den Boden. In jeden Reifen platzieren sie etwas zum Werfen. Ein beliebiges Kind erhält von der Spielleitung eine Trommel. Zum Rhythmus des Trommelspiels laufen alle anderen Kinder um die Reifenreihe so lange herum, bis das Trommelspiel stoppt. Jedes Kind springt so schnell wie möglich in einen freien Reifen und schnappt sich den Gegenstand. Nacheinander wirft jedes Kind den Gegenstand möglichst weit in eine Richtung. Das Kind, das am weitesten geworfen hat, erhält die Trommel. Die Kinder legen die Sachen zurück in die Reifen. Eine neue Spielrunde beginnt.

Variante für jüngere Kinder

Die Kinder rollen mit den Füßen ihre Bälle um die Reifenreihe herum, in denen im Übrigen nichts liegt, bis das Kind mit der Trommel einmal kräftig trommelt. Daraufhin sucht sich jedes Kind so schnell wie möglich einen freien Reifen. Die Bälle bleiben auf dem Boden liegen. Das Trommler-Kind ist der Schiedsrichter: Das schnellste Kind erhält als Nächstes die Trommel.

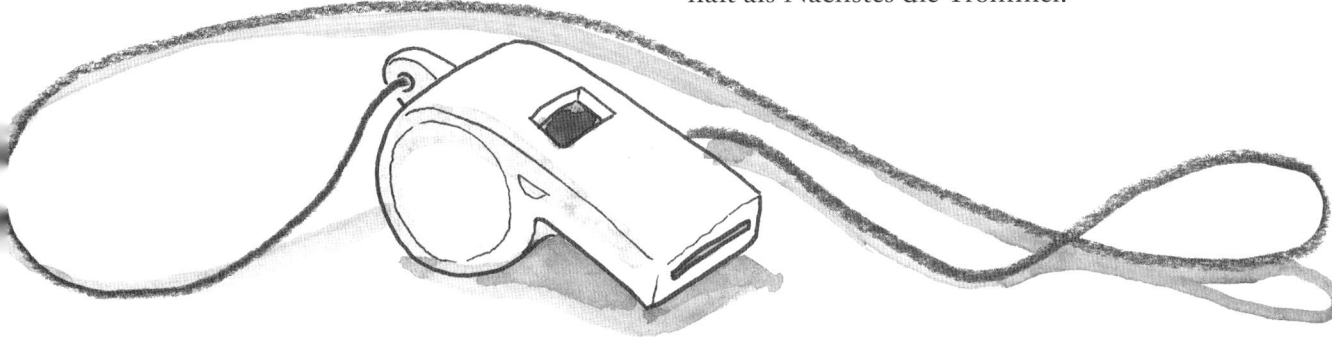

Softball-Zielwurf

Alter: ab 5 Jahren
Material: stabile Paketschnur, 2–3 Hula-Hoop-Reifen, 4–5 Wurfringe, 2–3 kleine Softbälle, Schminkstifte in Silber und Gold

Vorbereitung
Die Spielleitung bindet an verschiedene stabile Äste eines Baumes ein paar Schnüre. An deren Enden verknotet sie jeweils fest einen Hula-Hoop-Reifen oder Wurfring. Dabei achtet sie darauf, dass die Reifen und Ringe weder zu hoch noch zu nah beisammen hängen.

Spielablauf
Die Kinder stellen sich ca. einen Meter vom Baum entfernt auf und zielen nacheinander mit einem Softball auf die Reifen oder Ringe. Wirft das Kind den Ball durch den Reifen, malt die Spielleitung ihm einen silberfarbenen Punkt auf den Handrücken. Fliegt der Ball durch den wesentlich kleineren Wurfring, erhält es einen goldfarbenen Punkt. Bei Fehlwurf nicht traurig sein, in der nächsten Runde gelingt es bestimmt!
Nach drei bis vier Durchgängen zählen die Kinder die Punkte auf ihrem Handrücken. Jeder goldfarbene Punkt zählt doppelt. Sieger ist das Kind mit der höchsten Punktzahl.

Stopp die Schlange!

Alter: ab 5 Jahren
Material: 2 Softbälle, 1 Trillerpfeife

Alle Kinder außer zwei formieren sich auf einem überschaubaren Spielfeld hintereinander zu einer Schlange und legen ihre Hände auf die Schultern des Vordermannes oder der Vorderfrau. Die anderen beiden Kinder erhalten jeweils einen Softball. Erfolgt der Startpfiff durch die Spielleitung, zielen die Kinder mit den Softbällen auf die Füße der Kinderschlange. Reißt die Schlange an einer Stelle, ist das Spiel so lange unterbrochen, bis die betreffenden Kinder wieder so wie am Anfang stehen. Das Kind, das am schnellsten mit dem Ball einen Kinderfuß trifft, ist Sieger!
Hinweis: Spielt eine größere Anzahl an Kindern mit, dann teilt die Spielleitung die Gruppe in zwei bis drei gleich große Gruppen ein, die das Spiel auf jeweils einem eigenen Spielfeld spielen.

Variante für ältere Kinder

Die beiden Kinder zielen mit ihren Bällen auf die Füße des Kindes, das sich ganz hinten in der Schlange befindet.

Reifen jagen und zielen

Alter: ab 5 Jahren
Material: für 3 Kinder jeweils ein Softball, für alle anderen Kinder jeweils 1 Hula-Hoop-Reifen; evtl. für alle Kinder außer drei 1 kurzer Stock

Die Spielleitung wählt ein überschaubares Spielfeld aus, in dessen Mitte sie drei kleine Softbälle auf den Boden legt. Drei beliebige Kinder gehen in die Spielfeldmitte und schnappen sich jeweils einen Ball. Alle anderen Kinder holen sich jeweils einen Hula-Hoop-Reifen bei der Spielleitung ab und bringen diesen mit ihren Händen zum Rollen. Die Kinder mit den Bällen laufen den Reifen hinterher und zielen mit den Bällen auf sie. Fliegt ein Ball durch einen rollenden Reifen, darf das betreffende Kind mit dem Reifen-Kind die Rollen tauschen.

Variante für ältere Kinder

Das Spiel verläuft so, wie beschrieben. Allerdings treiben die Kinder ihre Reifen jetzt mit einem kurzen Stock durch kurze Schläge an und rollen sie so vorwärts.
Hinweis: Das Reifentreiben ist ein uraltes Laufspiel für das früher Holz- und Eisenreifen verwendet wurden.

Drei-Stufen-Königln

Alter: ab 5 Jahren
Material: 1 Softball

Die Kinder stehen in einer Reihe vor einer Treppe mit wenigen Stufen. Die Spielleitung geht die Treppe hinauf, dreht sich um und wirft den Ball dem ersten Kind in der Reihe zu. Kann das Kind den Ball fangen, stellt es sich auf die erste Stufe. Andernfalls bleibt es einfach auf dem Platz stehen. Das Kind wirft den Ball wieder zur Spielleitung zurück und das Spiel wird mit dem nächsten Kind in der Reihe fortgesetzt usw. Das Spiel endet, wenn ein oder gar mehrere Kinder auf der dritten Stufe stehen.

Hinweis: Umso kleiner der Ball ist, desto schwieriger wird das Spiel. Es empfiehlt sich, bei jüngeren Kindern einen größeren Ball zu verwenden.

Variante für jüngere Kinder

Die Kinder zielen mit dem Ball der Reihe nach zuerst auf die erste Stufe, dann auf die zweite und zuletzt auf die dritte Stufe. Wer trifft mit seinem Ball alle drei Stufen?

Stoppt die Bälle!

Alter: ab 5 Jahren
Material: 1 weiße Straßenkreide oder 3–4 Springseile, für jedes zweite Kind 1 Tennisball, 1 Trillerpfeife, 1 Stoppuhr oder Uhr mit Sekundenzeiger

Vorbereitung

Die Spielleitung zeichnet entweder einen langen Kreidestrich auf den Boden oder breitet mehrere Springseile, die miteinander verknotet sind, der Länge nach aus. Die Linie stellt die Spielfeldmitte dar.

Spielablauf

Die Kinder bilden zwei gleich große Gruppen. Die erste Gruppe holt sich von der Spielleitung die Tennisbälle ab. Die beiden Gruppen verteilen sich jeweils auf ihrer Spielfeldhälfte. Pfeift die Spielleitung das Spiel an, rollen die Kinder aus der ersten Gruppe gleichzeitig ihre Bälle in Richtung des gegnerischen Spielfelds. Dabei dürfen sie jedoch nicht die Grenzlinie überschreiten. Passiert ein Ball das gegnerische Spielfeld, stoppen die Kinder aus der zweiten Gruppe ihn so schnell wie möglich mit ihren Füßen. Liegen alle Bälle still am Boden, stoppt die Spielleitung die Zeit. Die Gruppen tauschen ihre Rollen und wiederholen das Spiel. Die Gruppe, die am schnellsten die Bälle auf ihrem Spielfeld zum Stoppen bringt, gewinnt das Spiel. Die Revanche folgt auf dem Fuß.

Zielen, schießen, siegen!

Alter: ab 3 Jahren
Material: für jedes Kind 1 kleiner Softball, 1 Schminkstift

Alle Kinder erhalten von der Spielleitung einen kleinen Softball, den sie mit den Füßen vor sich herkicken. Die Spielleitung geht zu einem Baum, einer Wand oder etwas Ähnlichem und ruft je nachdem, wo sie sich gerade befindet, z. B.: *„Baumstamm!"* Alle Kinder bleiben stehen und zielen vom Platz aus mit ihren Bällen flink auf den genannten Gegenstand und schießen diesen möglichst ab. Den Kindern, denen die Aufgabe gelingt, malt die Spielleitung einen Schminkpunkt auf den Handrücken. Für die nächste Spielrunde wählt die Spielleitung in der Nähe einen anderen Gegenstand aus. Nach drei bis vier verschiedenen Stopps zählen die Kinder ihre Punkte auf den Handrücken. Wer hat wohl die meisten ergattert?

Ins Versteck und schnell weg!

17 Lauf- und Versteckspiele

Klassische Kinderspiele wie „Blinde Kuh", „Fangen" oder „Verstecken mit Abschlagen" sind vielen aus der eigenen Kindheit bestens bekannt. Sie kommen dem Bewegungsdrang von Kindern sehr entgegen und werden bis zum heutigen Tag insbesondere auf Pausenhöfen gerne gespielt. Im Gegensatz zu vielen anderen Spielen können sie nahezu überall schnell und einfach umgesetzt werden, da meist keine Materialien benötigt werden.

Das vorliegende Kapitel enthält eine Reihe von Laufspielen, die Kinder z. B. im Garten oder auf dem Pausenhof spielen können. Zudem gibt es jede Menge Versteckspiele, für die sich hervorragend Gelände mit Bäumen, Büschen und Sträuchern anbieten. Darüber hinaus werden auch Spiele vorgestellt, in denen Versteck- und Fangspiele miteinander kombiniert werden. Damit die Kinder sich jedoch nicht zu weit von der Gruppe entfernen, sollte die Spielleitung gemeinsam mit den Kindern vorher das Spielfeld abgehen und die Spielfeldecken z. B. mit Markierungskegeln oder Jacken kennzeichnen.

Aufgewacht, alles ist fort!

Alter: ab 4 Jahren
Material: 1 Stoppuhr oder Uhr mit Sekundenzeiger

Die Kinder teilen sich in zwei gleich große Gruppen auf. Die Kinder aus der ersten Gruppe bilden einen Kreis, knien sich auf den Boden und schließen ihre Augen, als ob sie schlafen würden. Die zweite Gruppe sind die RäuberInnen. Sie entwenden jedem „schlafenden" Kind einen persönlichen Gegenstand, wie z. B. einen Haarreifen, einen Gürtel oder gar einen Schnürsenkel. Das Diebesgut wird auf einem zuvor vereinbarten Spielfeld versteckt. Gemeinsam rufen alle RäuberInnen laut:

„Aufgewacht, alles ist fort!
Es liegt an einem anderen Ort!"

Vor Schreck „wacht" die erste Gruppe auf und überlegt, was ihnen so alles stibitzt wurde. Gemeinsam machen sie sich rasch auf die Suche nach ihren gestohlenen Sachen, die sie innerhalb von drei Minuten finden müssen. Die Spielleitung stoppt die Zeit. Andernfalls eilen die RäuberInnen herbei, um die restlichen Sachen aus dem Versteck zu holen. Zur Kontrolle zählt die erste Gruppe die gefundenen Sachen und die Gruppen tauschen die Rollen. Das Spiel gewinnt die Gruppe, die die meisten ihrer Sachen wiederfindet.

Schnapp den Luftballon!

Alter: ab 5 Jahren
Material: für ein Drittel der Gruppe jeweils rote, gelbe oder blaue Luftballons, 3 Faltpapiere entsprechend den Luftballonfarben, doppelseitiges Klebeband, Schere

Auf einem Spielplatz bilden die Kinder drei gleich große Gruppen. Jede Gruppe erhält von der Spielleitung Luftballons in einer bestimmten Farbe. Die Kinder spielen mit ihren Luftballons, schlagen sie mit der Hand in die Luft und tauschen sie untereinander aus usw. Die Spielleitung klebt die drei Faltpapiere entsprechend den Luftballonfarben auf jeweils ein Spielgerät und schreit laut: *„Schnapp einen Luftballon!"* Jedes Kind nimmt sich blitzschnell einen Luftballon und schließt sich mit den Kindern, deren Luftballons die gleiche Farbe haben, zu einer Gruppe zusammen. Auf ein Kommando der Spielleitung sucht jede Gruppe das Spielgerät mit dem richtig gefärbten Faltpapier. Finden alle Gruppen ihre Faltpapiere? Welche Gruppe wird wohl am schnellsten die Aufgabe lösen?

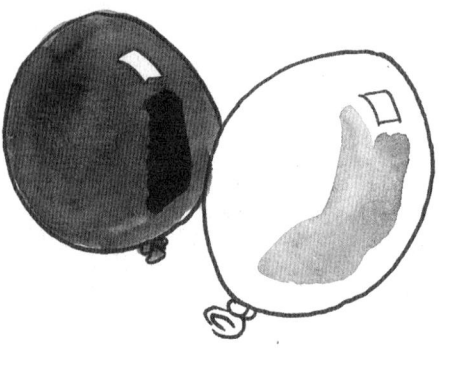
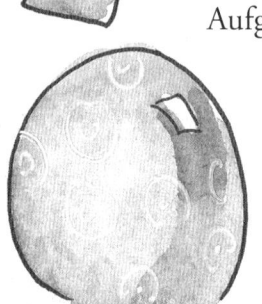

andere Kinder weiter usw. Die Gegenstände wandern so möglichst unbemerkt von Hand zu Hand. Die beiden Detektive gehen um das Spielfeld herum und beobachten alles genau. Nach drei Minuten pfeift die Spielleitung das Spiel ab. Alle Kinder auf dem Spielfeld bleiben jetzt stehen. Jedes Detektiv-Kind wählt das Kind aus, bei dem es seinen Gegenstand vermutet. Zur Kontrolle geben sich die beiden gesuchten Kinder zu erkennen. Beide übernehmen als Nächstes die Rolle der Detektive.

Detektive am Spielfeldrand

Alter: ab 5 Jahren
Material: 2 kleine Naturgegenstände (z. B. 1 Eichel und 1 Stein), 1 Trillerpfeife, 1 Stoppuhr oder Uhr mit Sekundenzeiger

Die Kinder verteilen sich auf einem übersichtlichen Spielfeld. Zwei Kinder spielen die Detektive und stehen am Spielfeldrand. Jedes von ihnen muss einen bestimmten Naturgegenstand, wie z. B. eine Eichel oder einen Stein, finden. Zwei beliebige Kinder auf dem Spielfeld erhalten von der Spielleitung entweder eine Eichel oder einen Stein, die sie in jeweils einer Faust versteckt halten. Nach dem Pfiff der Spielleitung laufen alle Kinder mit geballten Fäusten kreuz und quer über das Spielfeld. Dabei geben die beiden Kinder ihre Gegenstände unauffällig an zwei

Verstecken mit Decken

Alter: ab 3 Jahren
Material: 3–5 Decken, 1 Trillerpfeife

Die Kinder breiten auf einem überschaubaren Spielfeld drei bis fünf Decken auf dem Boden aus und verteilen sich auf dem Spielfeld. Ein beliebiges Kind ist das Fänger-Kind. Das Spiel startet nach Anpfiff der Spielleitung. Kommt das Fänger-Kind ei-

nem anderen Kind zu nahe, bringt sich dieses in Sicherheit, indem es rasch unter eine Decke schlüpft und sich vor ihm versteckt. In diesem Augenblick darf das Kind nicht mehr gefangen werden. Ist das Fänger-Kind wieder außer Reichweite, schlüpft es unter der Decke wieder hervor. Ist das Kind jedoch gefangen worden, bevor es sich verstecken konnte, dann tauschen beide ihre Rollen.

Fangschlange

Das folgende Spiel ähnelt dem bekannten Spiel „Kettenfangen".

Alter: ab 5 Jahren

Alle Kinder versammeln sich auf einem überschaubaren Spielfeld. Die Spielleitung bestimmt zwei Fänger-Kinder. Alle anderen Kinder hüpfen kreuz und quer mit geschlossenen Beinen über das Spielfeld. Die Spielleitung gibt das Startkommando. Alle Fänger-Kinder laufen los und fangen jeweils ein Kind. Zusammen bilden sie nun jeweils eine Schlange, indem sie Hand in Hand weiterlaufen. Ihre freien Hände verwenden die Schlangen, um jeweils ein weiteres Kind zu fangen. Zerreißt die Kette, muss die Lücke schnellstmöglich wieder geschlossen und das Spiel fortgesetzt werden. Welche Schlange wird wohl am schnellsten aus vier Kindern bestehen?

Variante für ältere Kinder
Die Spielleitung wählt drei Kinder aus, die die anderen Kinder fangen. Sind alle Kinder eingefangen, zählen die drei Kinder ihre Ausbeute. Wer am Ende die meisten Kinder neben sich stehen hat, gewinnt das Spiel.

Was jagst du heute?

Das Spiel verläuft so ähnlich wie das klassische Kinderspiel „Fischer, wie wehen die Fahnen heute?".

Alter: ab 5 Jahren

Eines der Kinder geht auf die Jagd und stellt sich mit dem Rücken z. B. vor eine Hauswand. Die anderen Kinder stellen sich in ungefähr zehn Metern Entfernung gegenüber dem Jäger-Kind in einer Reihe auf und entscheiden sich, ob sie entweder Hasen, Füchse oder gar Bären spielen möchten. Die Gruppe fragt das Jäger-Kind laut: *„Was jagst du heute?"* Es benennt eines von den drei Tieren, indem es z. B. *„Hasen!"* ruft. Alle Kinder, die Hasen spielen, springen so schnell wie möglich in Richtung Hauswand. Die anderen Kinder bleiben einfach stehen und beobachten das Spielgeschehen. Das Jäger-Kind, das nur vorwärts und seitwärts laufen darf, geht auf Hasenjagd. Hat es ein Hasen-Kind gefangen, tauschen beide die Rollen. Andernfalls bleibt alles beim Alten.

Variante
Die gefangenen Tier-Kinder werden in der jeweils nächsten Spielrunde ebenfalls zu Jäger-Kindern. Gibt es mehr Jäger-Kinder als Tier-Kinder, haben alle Tier-Kinder, die noch nicht gefangen wurden, das Spiel automatisch gewonnen.

Katz und Mäuse

Alter: ab 5 Jahren
Material: 1 Stück Käse z. B. aus Holz, Plastik oder Pappmaché, 3–4 Hula-Hoop-Reifen, 1 Augenbinde

Die Spielleitung sucht ein übersichtliches Spielfeld mit ein paar Bäumen und Büschen aus. Alle Kinder platzieren das Käsestück sowie drei bis vier Mauselöcher in Form von Hula-Hoop-Reifen auf dem Boden. Die Spielleitung wählt irgendein Kind aus, das die Katze spielt und sich die Augen verbinden lässt. Alle anderen Kinder spielen Mäuse und verstecken sich in der Nähe des Käsestücks. Tippt die Spielleitung das Katzen-Kind an, nimmt es die Augenbinde ab und ruft: *„Mäuschen, kommt alle aus den Häuschen!"* Die Mäuse-Kinder geben sich jedoch keinesfalls sofort zu erkennen, sondern warten einen günstigen Zeitpunkt ab, um aus ihrem Versteck zu kommen und flink zu dem Käsestück zu laufen. Das möchte die Katze verhindern, indem sie möglichst rasch eine

von den Mäusen fängt. Kommt die Katze einer Maus gefährlich nahe, dann kann sie sich retten und ins freie Mauseloch bzw. in einen Reifen springen. Ist die Katze außer Reichweite, dann verlässt die Maus wieder das Mauseloch. Das Spiel ist aus, sobald das Katzen-Kind eines von den Mäuse-Kindern schnappt oder ein Mäuse-Kind das Käsestück in den Händen hält.

Fuchs-Alarm

Alter: ab 3 Jahren
Material: Blätter und Zweige, 1 Handtrommel

Die Spielleitung wählt ein größeres übersichtliches Spielfeld aus. Die Kinder sammeln Blätter und Zweige, mit denen sie zwei bis drei große Kreise (Durchmesser: ca. 5 m) auf dem Spielfeld auslegen, die einen Kaninchenbau darstellen. Die Spielleitung zählt zwei bis drei Kinder aus, die Füchse spielen und vom Spielfeldrand aus die Kaninchen beobachten. Die Kaninchen springen vergnügt auf dem Spielfeld herum. Plötzlich ruft die Spielleitung: *„Fuchs-Alarm!"* Blitzschnell springen alle Füchse auf das Spielfeld, um die Kaninchen zu fangen. Die Kaninchen laufen schnellstmöglich zum

Kaninchenbau, um sich vor den Füchsen in Sicherheit zu bringen. Schnappt ein Fuchs ein Kaninchen, dann spielt es in der nächsten Spielrunde ebenfalls einen Fuchs. Sind nur noch drei bzw. zwei Kaninchen-Kinder auf dem Spielfeld, dann stellen diese die Füchse und alle anderen die Kaninchen dar.

Blumenstrauß-Fangen

Alter: ab 5 Jahren
Material: für jedes Kind 1 Gänseblümchen o. Ä., 1 Trillerpfeife, 1 Stoppuhr oder Uhr mit Sekundenzeiger

Jedes Kind sucht sich auf einer großen Wiese mit wild wachsenden Blumen z. B. ein Gänseblümchen. Alle Kinder verteilen sich auf der Wiese. Pfeift die Spielleitung in die Trillerpfeife, sind alle Kinder FängerInnen und Gejagte zugleich. Ihr Ziel ist es, möglichst viele Gänseblümchen der anderen zu ergattern. Berührt ein Kind ein anderes mit seiner Hand, muss das gefangene Kind seine Blume dem Kind geben. Nach fünf Minuten pfeift die Spielleitung das Spiel ab. Wer jetzt den größten Strauß bzw. die meisten Gänseblümchen hat, ist Sieger!

Wer hat sich versteckt?

Alter: ab 5 Jahren

Die Kinder teilen sich in zwei gleich große Gruppen auf und bilden nicht zu weit voneinander entfernt jeweils einen Spielkreis. Alle schließen die Augen. Die Spielleitung geht nacheinander um die Kreise herum und tippt aus jeder Gruppe einem beliebigen Kind auf die Schultern. Die ausgewählten Kinder verlassen möglichst leise ihren Kreis und verstecken sich nicht zu weit von der Gruppe entfernt. Auf das Startkommando der Spielleitung öffnen alle anderen Kinder ihre Augen. Sobald eine Gruppe herausgefunden hat, wer von ihnen fehlt, macht sie sich auf die Suche nach dem Kind. Entdeckt eine Gruppe ein verstecktes Kind der anderen Gruppe, dann hüllt es sich in Schweigen. Die Gruppe, die als Erstes das gesuchte Kind findet, gewinnt das Spiel.

Variante für jüngere Kinder

Alle Kinder sitzen im Spielkreis und schließen ihre Augen. Die Spielleitung tippt zwei bis drei Kinder an, die sich auf einem überschaubaren Spielfeld verstecken. Danach öffnen alle Kinder ihre Augen und überlegen, welche Kinder fehlen. Haben die Kinder herausgefunden, wer von ihnen fehlt, machen sie sich auf die Suche nach den betreffenden Kindern.

Waldschreck

Im Wald gibt es sogenannte Waldschrecks, die ein großes Vergnügen daran haben, Menschen zu erschrecken. Werden sie jedoch vorher entdeckt, ist der Spuk vorbei.

Alter: ab 4 Jahren
Material: 2 Augenbinden

Alle Kinder, die meinen, dass sie mutig sind, melden sich. Die Spielleitung wählt zwei von ihnen aus, denen sie die Augen verbindet.

Lauf zum Baum!

Alter: ab 5 Jahren
Material: für alle Kinder außer zwei
1 Hula-Hoop-Reifen

Die Kinder legen mit den Reifen einen groß-zügigen Kreis. Ein Kind steht in der Kreis-mitte. Alle anderen laufen so lange im Sla-lom um die einzelnen Reifen herum, bis das Kind aus der Kreismitte ganz laut *„Hopp, hopp, in die Reifen!"* ruft. Das Kind, das kei-nen freien Reifen findet, muss blitzschnell reagieren. Es läuft zu einem Baum und ver-steckt sich hinter dem Baumstamm. Das Kind aus der Kreismitte jagt hinter ihm her. Lässt sich das Kind einfangen, tauschen bei-de ihre Rollen. Andernfalls bleibt es bei der alten Rollenverteilung.

Variante für ältere Kinder

Das Kind, das keinen freien Reifen findet, muss zu einem Baum hüpfen, um sich hinter diesem in Sicherheit zu bringen. Das Jäger-Kind darf sich ebenfalls nur hüpfend fortbe-wegen.

Die anderen Kinder verstecken sich auf ei-nem übersichtlichen Spielfeld, z.B. hinter Büschen und Bäumen. Sie sind die Wald-schrecks. Die Spielleitung bittet die beiden Kinder, ihre Augenbinden abzunehmen und zusammen die Waldschrecks zu suchen. Kommen sie in die Nähe eines Kindes, das z.B. auf einem Ast sitzt, erschreckt das be-treffende Kind die beiden. Sollte es jedoch von den beiden rechtzeitig entdeckt werden, dann hat es Pech gehabt. Wie oft wird es wohl der Gruppe gelingen, die beiden zu er-schrecken? Nach ein paar Minuten wird das Spiel mit zwei anderen mutigen Kindern wiederholt.

Mützen-Fangen

Alter: ab 5 Jahren
Material: 1 Schildmütze

Die Kinder vereinbaren auf einem überschaubaren Spielfeld ein Abschlagmal und bilden dort einen Kreis. Sie knien sich auf den Boden und schließen ihre Augen. Die Spielleitung holt eine Schildmütze und versteckt sie auf dem Spielfeld. Sie geht zu der Gruppe, stellt sich in die Kreismitte und ruft laut: *„Wacht auf und los!"* Alle Kinder öffnen ihre Augen, stehen auf und machen sich auf die Suche nach der Mütze. Das Kind, das die Mütze findet, setzt sie rasch auf und ruft: *„Ich bin der Mützen-Fänger (oder: die Mützen-Fängerin)!"* Gejagt von dem Kind mit der Mütze, laufen alle Kinder mit Affenzahn zum Abschlagmal. Die Kinder, die das rettende Ziel erreichen, dürfen nicht mehr gefangen werden. Fängt das Kind mit der Mütze ein Kind auf dem Weg dorthin, darf es in der nächsten Spielrunde die Mütze verstecken und das Spielgeschehen beobachten.

Haltet die Diebe!

Alter: ab 5 Jahren
Material: von der Hälfte der Kinder jeweils 1 kleiner persönlicher Gegenstand

Die Spielleitung teilt den Kindern ein überschaubares Spielfeld zu. Eine Hälfte der Kinder übergibt jeweils einen kleinen persönlichen Gegenstand, wie z. B. eine Haarspange, ein Halstuch oder einen Schnürsenkel, an die andere Hälfte, die die Diebe darstellen. Die erste Hälfte der Kinder stellt sich am Spielfeldrand auf. Die Diebe laufen kreuz und quer auf dem Spielfeld herum. Begegnen sich zwei Diebe, tauschen sie ihr Diebesgut direkt vor den Augen der anderen gegeneinander aus. Das geht so lange, bis die Spielleitung „Stopp!" und *„Diebe, ihr seid ertappt!"* ruft. Die Kinder am Spielfeldrand laufen los, um sich ihre Gegenstände wieder zurückzuholen. Die Diebe sträuben sich dagegen, indem sie weglaufen. Welches Kind wird wohl seinen Gegenstand zuerst zurückbekommen?

Bello, hol den Knochen!

Alter: ab 4 Jahren
Material: 1 Knochen aus Plastik, Pappmaché, Pappe o. Ä., 1 Stoppuhr oder Uhr mit Sekundenzeiger

Ein beliebiges Kind spielt Bello, den Hund. Alle anderen Kinder stellen ein Rudel Hunde dar, von dem einer Bellos Knochen geklaut hat. Mit viel Gebell läuft das Hunderudel auf einem überschaubaren Spielfeld kreuz und quer durcheinander. Bello, der außerhalb des Spielfelds steht, schaut zunächst zu. Ruft die Spielleitung *„Bello, hol den Knochen!",* jagt Bello hinter dem Kind her, das den Knochen in den Händen hält. Gar nicht so einfach, denn die anderen Hunde aus dem Rudel schützen ihr Mitglied, indem sie sich z. B. mit ausgebreiteten Armen vor es stellen. Das Spiel ist beendet, wenn Bello das betreffende Kind berührt hat oder wenn die Spielleitung das Spiel nach drei Minuten abbricht.
Hinweis: Bello darf beim Versuch, den Knochen zu ergattern, von Niemandem festgehalten werden. Falls das trotzdem pas-

siert, erhält er ohne weitere Anstrengung den Knochen und spielt jetzt einen Knochendieb. Die Spielleitung wählt einen neuen Bello und das Spiel startet erneut.

Gespensterstunde

Alter: ab 4 Jahren
Material: 1 weiße Straßenkreide,
1 Punktzahlwürfel, 1 Stoppuhr oder Uhr
mit Sekundenzeiger

Für dieses Spiel zeichnet die Spielleitung eine große Uhr mit Ziffern auf den Asphalt, deren Zeiger auf die Zwölf zeigen. Die Kinder stellen sich der Reihe nach neben der Eins auf. Sie würfeln nacheinander und hüpfen, je nachdem, welche Punktzahl sie gewürfelt haben, im Uhrzeigersinn neben das entsprechende Ziffernfeld. Das Kind, das als Erstes neben der Zwölf steht, ist das Gespenst und jagt die anderen Kinder. Alle Kinder laufen fix vor dem Gespenst weg. Hat das Gespenst ein Kind geschnappt, stoppt die Spielleitung die Zeit. Wer kann die Zeit wohl in den nächsten Spielrunden toppen?

Fangen im Seil-Parcours

Alter: ab 5 Jahren
Material: für alle Kinder außer zwei
1 Springseil, 1 Trillerpfeife

Alle außer zwei Kindern bilden Paare und stellen sich mit einander zugewandtem Gesicht in einem Außen- und Innenkreis gegenüber. Jedes Paar spannt ein Seil locker und nicht zu hoch zwischen sich auf. Die beiden anderen Kinder stellen sich jeweils auf der gegenüberliegenden Seite zwischen dem Innen- und Außenkreis auf. Pfeift die Spielleitung das Spiel an, steigen beide Kinder möglichst schnell im Uhrzeigersinn über die einzelnen Seile, um sich gegenseitig zu fangen. Hat eines der Kinder das andere gefangen, ist das Spiel beendet. Beide tauschen ihre Plätze mit einem Paar aus der Runde und das Spiel startet von Neuem.

Springmäuse & Kletteraffen

18 Spiele zum Hüpfen, Klettern und Balancieren

Gummitwist, Seilspringen oder Hinkelkästchen gehören seit Generationen zu den beliebtesten Kinderspielen und werden auch heute noch mit Begeisterung gespielt. Auch das Klettern und Balancieren auf Bäumen, Baumstämmen oder Klettergerüsten macht Kindern viel Spaß und steht ganz oben auf der Liste der Aktivitäten im Freien. Passende Orte für die Spiele sind schnell gefunden: Für Hinkelkästchen malen die Kinder mit Kreide überdimensionale Spielfelder auf den Asphalt oder das Kopfsteinpflaster. Auf den Spiel- und Sportgeräten der Spielplätze und Pausenhöfe oder auf Bäumen und Baumstämmen auf Wiesen und in Wäldern probieren sie ihre eigenen Kletter- und Balancierfähigkeiten aus und testen so eigene Grenzen aus.

Die nachfolgenden Spiele machen sich die Begeisterung der Kinder für das Springen, Klettern und Balancieren zunutze. Dabei trainieren sie so ganz nebenbei ihren Gleichgewichtssinn und verbessern ihre Motorik. Auf diese Weise entdecken die Kinder so manche Fähigkeit, die in ihnen steckt. Das wiederum macht sie stolz und selbstbewusst. Es ist jedoch wichtig, dass sie stets selbst entscheiden, was sie sich bereits zutrauen oder vorerst nur mit fremder Hilfe meistern möchten.

Gummiband-Staffel

Alter: ab 5 Jahren
Material: für die Hälfte der Paare
1 Gummiband (3–4 Meter lang)

Die Kinder bilden zwei gleich große Gruppen. In der ersten Gruppe tun sich jeweils zwei Kinder zu einem Paar zusammen und knoten ein langes Gummiband an den Enden zusammen. Die Paare bilden eine Gasse, indem sie sich in einer Reihe gegenüber etwas breitbeinig aufstellen und ihre Gummibänder um die Fußknöchel legen. Alle anderen Kinder aus Gruppe zwei stellen sich nacheinander vor das Paar eins der ersten Gruppe. Gibt die Spielleitung den Startschuss, steigt das erste Kind so schnell wie möglich über die einzelnen Gummibänder. Am letzten Paar angekommen, läuft es rasch auf gleichem Weg zurück, klatscht das nachfolgende Kind mit beiden Händen ab und reiht sich am Ende der Schlange wieder ein. Kind zwei bezwingt als Nächstes den Parcours. Steht das erste Kind aus der zweiten

Gruppe wieder vorne in der Reihe, stoppt die Spielleitung die Zeit. Beide Gruppen tauschen die Rollen und das Spiel startet von Neuem. Vielleicht schafft es Gruppe zwei ja in einer besseren Zeit!?

Variante

Anstatt über Gummibänder zu steigen, können die Kinder z. B.

- mit beiden Beinen über die Gummibänder springen,
- auf die Gummibänder treten und weitergehen,
- seitlich über die Gummibänder springen.

Sackhüpfen-Trommelstopp

Alter: ab 5 Jahren
Material: für alle Kinder außer einem
1 Hüpfsack o. Ä., 1 Handtrommel

Alle Kinder außer einem holen sich jeweils einen Sack und verteilen sich auf einem übersichtlichen Spielfeld. Sie steigen mit ihren Füßen in die Säcke und halten sie mit den Händen in Brusthöhe fest zusammen. Das ausgewählte Kind erhält die Handtrommel und beobachtet die Gruppe beim Sackhüpfen. Trommelt das Kind einmal ganz laut, müssen alle Kinder mit ihren Säcken stehen bleiben. Das Kind, das am schnellsten die Aufgabe erfüllt, erhält die Trommel. Die nächste Spielrunde kann starten.

Variante für jüngere Kinder

Das Spiel verläuft, wie oben beschrieben. Allerdings hüpfen die Kleinen ohne Sack.

Affenstarke Kletterkids

Alter: ab 5 Jahren
Material: 1 Klettergerüst oder 1 Leiter sowie
1 dicke Paketschnur und 1 Schere, Klebe-
punkte in 2–3 verschiedenen Farben

Vorbereitung
Die Spielleitung bindet ggf. eine Leiter an einen großen, dicken Baum.

Spielablauf
Die Kinder bilden zwei bis drei gleich große
Gruppen. Jede Gruppe nimmt sich Klebe-
punkte in einer bestimmten Farbe. Alle stellen sich vor ein großes Klettergerüst oder eine Leiter, die an einen Baum gebunden ist.
Sie klettern nacheinander auf das Gerüst
oder die Leiter. Dabei bestimmt jedes Kind
selbst, wie hoch es klettern möchte. Sie kle-
ben am äußeren Rand der Sprosse oder Stufe, auf die sie als Letztes getreten sind, ihren
Klebepunkt und klettern wieder herab. Allmählich kommen immer mehr Klebepunk-
te hinzu. Am Ende zählt jede Gruppe die
Sprossen oder Stufen, die zu ihren Klebe-
punkten führen. Dabei ergibt jede Sprosse
oder Stufe einen Punkt. Welche Gruppe hat
wohl die meisten Punkte?

Kastanien-Wetthüpfen

Alter: ab 4 Jahren
Material: für jedes Kind 1 Hüpfsack o. Ä.,
1 Stoppuhr oder Uhr mit Sekundenzeiger

Die Kinder suchen im Herbst einen Kastanienbaum auf, unter dem jede Menge Kastanien liegen. Sie holen sich jeweils einen
Sack von der Spielleitung, steigen mit den
Füßen rein und halten ihn oben an der Brust
mit beiden Händen fest zusammen. Ruft die
Spielleitung *„In die Säcke, hüpft schnell los!"*,
dann hüpfen alle Kinder so schnell wie möglich los, um möglichst viele Kastanien zu
sammeln und in ihren Säcken zu verstauen.
Ruft sie jedoch *„Aus den Säcken, zeigt schnell
her!"*, steigen alle Kinder wieder aus ihren
Säcken. Sie holen alle Kastanien aus ihren
Säcken heraus und zählen sie. Das Kind, das
die größte Anzahl an Kastanien hat, gewinnt das Spiel.
Hinweis: Das Spiel lässt sich auch gut unter
einem Eichel- oder Haselnussbaum spielen.
Die Kinder sammeln alternativ Eicheln oder
Haselnüsse vom Boden auf.

Kletter-KönigIn

Alter: ab 5 Jahren
Material: 1 Leiter, 1 dicke Paketschnur,
1 großer Schaumstoffwürfel

Vorbereitung
Die Spielleitung bindet eine Leiter an einen
großen dicken Baum.

Spielablauf
Ein beliebiges Kind würfelt als Erstes. Je
nachdem, wie viele Punkte es gewürfelt hat,
klettert es die gleiche Anzahl an Sprossen
hoch und bleibt dort stehen. Danach darf
das nächste Kind würfeln. Sollte es eine hö-
here Punktzahl haben, klettert das erste
Kind von der Leiter hinunter und das andere entsprechend der Punktzahl die einzelnen
Sprossen der Leiter hoch. Nacheinander
sind auch die anderen Kinder an der Reihe.
Haben alle einmal gewürfelt, endet das
Spiel. Das Kind, das nach einer Spielrunde
als Letztes auf der Leiter steht, ist der Klet-
ter-König bzw. die Kletter-Königin.

Bergrettung

*Das Spiel verläuft so ähnlich wie das altbe-
kannte Kreisspiel „In den Brunnen gefallen".
Im Gegensatz zum herkömmlichen Spiel springen die Kinder jetzt erst einmal Seil.*

Alter: ab 6 Jahren
Material: für jedes Kind 1 Springseil

In einem großzügigen Spielkreis gibt die
Spielleitung allen Kindern außer einem ein
Springseil. Das auserkorene Kind steht in
der Kreismitte und tut so, als ob es beim
Bergsteigen abrutschen würde. Dabei lässt
es sich auf den Boden fallen und ruft laut:
„Hilfe, ich bin in eine Schlucht gefallen!" Die
anderen Kinder schauen erschrocken in
Richtung Kreismitte und rufen laut: *„Wer
soll dich mit dem Seil da wieder herauszie-
hen?"* Das Kind erwidert: *„Das Kind, das am
besten Seilspringen kann."* Alle Kinder springen auf der Stelle Seil. Das Kind in der Kreismitte sucht sich das beste Kind als RetterIn
aus. Es zieht das Kind mithilfe des Seils heraus und tauscht mit ihm den Platz. Die
nächste Spielrunde beginnt.

Beispiele
Die Kinder dürfen auf Anweisung folgen-
dermaßen über das Seil springen:
- erst mit dem rechten, dann mit dem linken Bein,
- mit gekreuzten Armen,
- mit einem Zwischenhüpfer.

Variante für jüngere Kinder
Alle Kinder außer einem breiten ihre Seile
auf dem Boden aus. Das Spiel verläuft so
ähnlich, wie oben beschrieben. Allerdings

darf immer nur das Kind, den Bergsteiger oder die Bergsteigerin retten, das besonders gut direkt neben dem Seil oder gar vorwärts oder rückwärts auf dem Seil balancieren kann.

Kletter-Staffel

Alter: ab 5 Jahren
Material: 2 Leitern, 1 Trillerpfeife, 1 dicke Paketschnur, 1 Stoppuhr oder Uhr mit Sekundenzeiger

Vorbereitung
Die Spielleitung bindet zwei Leitern an jeweils einen großen, dicken Baum, die nicht zu weit voneinander entfernt stehen sollten.

Spielablauf
Die Kinder bilden zwei Gruppen. Jede Gruppe wählt einen von den Bäumen aus und stellt sich hintereinander vor der dazugehörigen Leiter auf. Gibt die Spielleitung den Startpfiff, klettert jeweils das erste Kind aus jeder Gruppe rasch die Leiter hinauf und wieder herunter. Dann schlägt jedes Kind das vorderste Kind aus seiner Gruppe ab und stellt sich hinten in der Reihe wieder an. Die nächsten beiden Kinder klettern ebenfalls ihre Leiter hoch und schließlich wieder hinunter. Die Gruppe, die am schnellsten wieder so wie am Anfang steht, ist Sieger!

Variante für jüngere Kinder
Das Spiel verläuft so, wie oben beschrieben, jedoch klettern die Kinder lediglich drei bis vier Stufen hoch und dann hinunter.

Würfeln, hüpfen, punkten!

Alter: ab 4 Jahren
Material: 1 weiße Straßenkreide, 1 großer Schaumstoffwürfel, 1 Schminkstift

Auf dem Asphalt oder Kopfsteinpflaster zeichnet die Spielleitung oder ein älteres Kind sechs möglichst gleich große Kästchen hintereinander auf, die so groß sind, dass ein Kinderfuß bequem hineinpasst. In jedes Kästchen werden nacheinander die Punktzahlen eines Würfels von eins bis sechs ergänzt. Ein beliebiges Kind würfelt als Erstes und hüpft, je nachdem, welche Punktzahl es gewürfelt hat, zu dem Kästchen mit der entsprechenden Punktzahl. Danach dreht es sich um und hüpft Kästchen für Kästchen wieder zurück und zwar so, dass es möglichst keine Kästchenlinie mit den Füßen berührt. Berührt es eine Linie, stellt es sich wieder in der Schlange ganz hinten an. Andernfalls malt es sich vor dem Anstellen mit dem Schminkstift die entsprechende Punktzahl auf seinen Handrücken. Ein anderes Kind erhält dann den Würfel und setzt das Spiel auf die gleiche Weise fort. Nach drei Durchgängen zählen alle Kinder ihre aufgemalten Punkte und sind gespannt, wer die meisten hat.

Variante für jüngere Kinder
Das Spiel verläuft so, wie oben beschrieben. Es spielt jedoch keine Rolle, ob die Kinder mit den Füßen die Kästchenlinien berühren.

HügelstürmerInnen

Für dieses Spiel wird lediglich ein steiler Grashügel benötigt und – nicht zu vergessen – die Kinder, die gerne klettern.

Alter: ab 5 Jahren
Material: 2 unterschiedlich farbige Chiffontücher oder große Fahnen; evtl. 1 Stoppuhr oder Uhr mit Sekundenzeiger

Die Kinder suchen sich einen großen Grashügel und bilden zwei gleich große Gruppen. Die Spielleitung platziert für jede Gruppe ein Tuch oder eine Fahne in jeweils einer bestimmten Farbe auf dem Grashügel. Beide Gruppen stellen sich parallel zueinander vor dem Grashügel hintereinander auf. Auf ein Kommando der Spielleitung hin laufen die ersten beiden Kinder aus jeder Gruppe los und erklimmen schnellstmöglich den Grashügel. Dort angekommen, winken sie mit dem Tuch oder schwenken mit der Fahne hin und her. Die nächsten Kinder aus der jeweiligen Gruppe dürfen dann loslaufen und das Spiel, wie beschrieben, fortsetzen. Die Gruppe, die zuerst beisammen auf dem Hügel steht, gewinnt das Spiel!

Variante

Die Gruppen spielen nicht gegeneinander, sondern gemeinsam gegen die Zeit. Die Spielzeit richtet sich nach Anzahl der Kinder und wird von der Spielleitung vorab mitgeteilt. So bekommt jedes Kind z. B. eine halbe Minute Zeit, um auf den Berg zu klettern. Für dieses Spiel benötigen die Kinder nur ein Tuch oder eine Fahne.

Balancieren am Bootssteg

Alter: ab 3 Jahren
Material: 1 Handtrommel

Für dieses Spiel brauchen die Kinder einen großen Sandkasten, auf dessen Rand jedes Kind einen Platz findet. Der Sandkastenrand ist der Bootssteg, das Gelände außerhalb des Sandkastens das Meer und der Sand im Sandkasten der Strand. Die Spielleitung gibt einen langsamen Trommelrhythmus vor. Alle Kinder gehen nacheinander auf dem Bootssteg entlang und schauen dabei hin und wieder auf das „Meer" hinaus. Ein Unwetter zieht auf und es ist besser, an Land zu gehen. Wer wird wohl als Erster auf dem „Strand" sein? Schlägt die Spielleitung einmal kräftig auf die Trommel, springen alle Kinder in den weichen Sand des Strandes.

Varianten

Anstatt zu gehen, können die Kinder auf dem Sandkastenrand
* auf Zehenspitzen gehen,
* rückwärtsgehen,
* seitlich Hand in Hand gehen.

Hüpf-Schnecke

Alter: ab 5 Jahren
Material: 1 weiße Straßenkreide, 1 großer Schaumstoffwürfel

Vorbereitung

Die Spielleitung zeichnet auf dem Asphalt oder Kopfsteinpflaster ein großes Schneckenhaus wie eine Spirale auf, die sie in achtzehn möglichst gleich große Hüpfkästen unterteilt. Alle Kästchen müssen so groß sein, dass gut zwei Kinderfüße hinein passen. In jedes zweite oder dritte Feld zeichnet sie ein großes Fragezeichen.

Spielablauf

Die Kinder stellen sich nacheinander vor das Schneckenhaus. Das erste Kind würfelt und hüpft auf einem Bein entsprechend der gewürfelten Augenzahl von Feld zu Feld und zwar so, dass es keine Kästchenlinie berührt. Sollte das jedoch der Fall sein, stellt es sich wieder am Ende der Schlange an. Gelangt es jedoch auf ein Feld, auf dem ein großes Fragezeichen abgebildet ist, dann gibt das Kind, das als Nächstes dran ist, ihm eine Aufgabe, z. B. im Kästchen auf einem Bein stehen, sich um die eigene Achse drehen oder auf der Stelle joggen. Die anderen Kinder zählen bis zehn. In dieser Zeit muss das Kind die gestellte Aufgabe erledigen. Falls das Vorhaben gelingt, bleibt es dort stehen. Andernfalls stellt es sich hinten in der Reihe wieder an. Das nächste Kind darf jetzt sein Glück versuchen. Das Kind, das als Erstes auf dem letzten Kästchen steht, hat das Spiel gewonnen.

Klettern nach Zahlen

Auf Spielplätzen, auf dem Außengelände der meisten Kindergärten und zunehmend auch auf den Schulhöfen kann man oft mindestens ein festinstalliertes Klettergerüst finden, das sich für das folgende Spiel eignet.

Alter: ab 5 Jahren
Material: 1 festinstalliertes Klettergerüst, mehrere Notizzettel, 1 schwarzer Filzstift, doppelseitiges Klebeband, 1 Stoppuhr oder Uhr mit Sekundenzeiger

Vorbereitung

Die Spielleitung zählt die Kinder durch und schreibt die einzelnen Zahlen auf jeweils einen Zettel. Sie klebt die Zettel mit den Zahlen auf ein Klettergerüst.

Spielablauf

Die Kinder bilden eine Reihe vor dem Klettergerüst. Auf ein Startzeichen der Spielleitung hin klettert das erste Kind auf das Gerüst und sucht den Zettel, auf welchem die Zahl Eins abgebildet ist. Hat es den Zettel gefunden, klettert es wieder hinunter. Das nächste Kind ist an der Reihe, das den Zettel mit der Zahl Zwei sucht usw.

Variante für jüngere Kinder

Die Spielleitung klebt für jedes Kind drei weiße Zettel auf das Gerüst. Die Kinder klettern nacheinander auf das Gerüst und schnappen sich irgendeinen Zettel.
Hinweis: Dadurch, dass eine größere Anzahl an Zetteln auf dem Gerüst klebt, kann garantiert jedes Kind einen finden und holen!

Farben-Sprung

Alter: ab 4 Jahren
Material: 6 Straßenkreiden in jeweils einer Würfelfarbe, 1 großer Farbwürfel; evtl. 1 großer Schaumstoffwürfel mit Punkten und 6 Schminkstifte in den Farben der Felder

Vorbereitung

Die Kinder zeichnen auf den Asphalt ein „Schneckenhaus" so, wie im Spiel „Hüpf-Schnecke" von S. 39 beschrieben. Jedes Feld malen sie in einer bestimmten Würfelfarbe aus. Dabei achten sie darauf, dass die Farben immer wechseln.

Spielablauf

Die Kinder bilden um das Schneckenhaus einen Kreis, in dessen Mitte sich die Spielleitung stellt. Sie zählt ein Kind aus, das von ihr den Würfel erhält. Es stellt sich vor das Schneckenhaus und würfelt. Je nachdem, welche Farbe es gewürfelt hat, hüpft es mit geschlossenen Beinen so lange von Feld zu Feld, bis es auf dem Feld mit der gewürfelten Farbe steht. Das nächste Kind holt sich den Würfel und setzt das Würfelspiel auf die gleiche Weise fort. Wer als Erstes auf dem letzten Feld steht, ist Sieger!

Variante für ältere Kinder

Anstelle eines Farbwürfels bekommen die Kinder einen Punktewürfel von der Spielleitung. Entsprechend der gewürfelten Punktzahl hüpft das würfelnde Kind auf einem Bein von Feld zu Feld. Die Spielleitung malt einen Farbpunkt auf den Handrücken des Kindes, der die Feldfarbe des letzten angesteuerten Feldes besitzt. Sobald alle Kinder am Ende der Schnecke angekommen sind, schauen sie nach, wie viele Farbpunkte sie auf ihrem Handrücken haben. Sie sind gespannt, wer von ihnen die geringste Anzahl an Farbpunkten hat.

Linienlauf

Alter: ab 5 Jahren
Material: 1 weiße Straßenkreide

Die Spielleitung oder ein älteres Kind zeichnet auf dem Asphalt oder Kopfsteinpflaster ein quadratisches Feld mit einem Umfang von ca. acht Metern und neun Kreuzpunkten. Und zwar so, dass jedes Kästchen im Feld etwa gleich groß ist. Zwei Kinder stellen sich nicht zu nah beisammen auf jeweils einen Punkt. Danach spielen beide das weltweit bekannte Kinderspiel „Schere, Stein, Papier", auch „Schnick, Schnack, Schnuck" genannt. Bei diesem Spiel müssen sich zwei Kinder für ein Symbol entscheiden, das sie auf ein Kommando (angezählt bis drei) gleichzeitig mit der Hand darstellen. Dabei gibt es folgende Möglichkeiten:

- Schere (= *Zeige- und Mittelfinger werden gespreizt ausgestreckt*),
- Stein (= *eine Faust bilden*),
- Papier (= *flache Hand zeigen*).

Schere gewinnt gegen Papier (= *zerschneidet es*) und verliert gegen Stein (= *wird zertrümmert*). Papier gewinnt gegen Stein (= *umwickelt ihn*) und verliert gegen Schere. Stein gewinnt gegen Schere und verliert gegen Papier.

Das Kind, das das Spiel gewinnt, darf entlang der Linie bis zum nächsten Punkt gehen. Dabei versucht es möglichst nah an das andere Kind heranzukommen. Anschließend wiederholen beide das Kinderspiel „Schere, Stein, Papier". Auf diese Weise setzen die Kinder das Spiel fort, bis eines von beiden das andere von seinem Punkt, auf dem es gerade steht, vertreibt.

Variante für ältere Kinder

Anstelle von acht werden zwölf Kreuzpunkte auf einem quadratischen Feld eingezeichnet.

ter. Dieser stellt den Hühnerstall dar. Jedes Kind zeichnet eine eigene Hühnerleiter mit achtzehn Stufen bis zum Kreisrand.

Spielablauf

Das jüngste Kind fängt an zu würfeln. Es stellt sich vor die erste Stufe und hüpft entsprechend der gewürfelten Punktzahl von Stufe zu Stufe. Als Nächstes ist das zweite Kind an der Reihe. Es würfelt und hüpft ebenfalls der Augenzahl entsprechend auf seiner Leiter weiter. Reihum setzen die Kinder auf diese Art das Spiel so lange fort, bis ein Kind im Hühnerstall bzw. im Kreis steht.

Ab in den Hühnerstall

Alter: ab 5 Jahren
Material: 1 weiße Straßenkreide,
1 Schaumstoffwürfel

Vorbereitung

Die Spielleitung zeichnet einen großen Kreis auf den Asphalt oder auf das Kopfsteinpflas-

Li-la-Löffel

Alter: ab 5 Jahren
Material: für jedes Kind 1 Suppenlöffel
und 1 Haselnuss, Eichel oder Kastanie

Die Spielleitung vereinbart mit den Kindern
ein überschaubares Spielfeld, auf dem sie einen Kreis bilden. Jedes Kind merkt sich sein
linkes Nachbarkind gut. Die Spielleitung
übergibt einem beliebigen Kind einen Suppenlöffel und z. B. eine Haselnuss. Alle anderen Kinder bekommen von ihr ebenfalls
einen Suppenlöffel und stellen sich nicht zu
weit voneinander entfernt auf dem Spielfeld
auf. Das Kind legt auf seinen Löffel die Haselnuss und sucht das Kind, das gerade noch
links neben ihm im Kreis gestanden hat. Es
achtet beim Gehen darauf, dass die Haselnuss nicht auf den Boden fällt und sagt laut:
„Li-la-Löffel, wo ist mein Partnerkind?" Steht
es direkt vor seinem Partnerkind, muss es
die Haselnuss von Löffel zu Löffel weiterrei-
chen. Ist die Nuss sicher gelandet, setzt das
Kind mit der Haselnuss auf dem Löffel das
Spiel fort. Sobald alle Kinder einmal die Haselnuss empfangen und weitergegeben haben, ist das Spiel aus.
Hinweis: Fällt die Haselnuss aus Versehen
runter, dürfen die Kinder sie aufheben und
einen zweiten Versuch starten.

Gefangen im Spinnennetz

Alter: ab 4 Jahren
Material: 1 weiße Straßenkreide oder
mehrere Springseile

Vorbereitung
Die Spielleitung zeichnet auf dem Asphalt
oder Kopfsteinpflaster mit Kreide einen großen Kreis (Durchmesser: ca. zehn Meter)
oder legt diesen mithilfe von Seilen aus. Diesen Kreis unterteilt sie zusätzlich in acht
möglichst gleich große Kuchenstücke und
ergänzt im Kreis zudem noch drei bis vier
Ringe, sodass er wie ein großes Spinnennetz
aussieht.

Spielablauf
Ein beliebiges Kind spielt die Spinne und
stellt sich in die Mitte des Spinnennetzes.
Alle anderen Kinder verteilen sich gleichmä-
ßig auf dem Spinnennetz und stellen die
Beutetiere dar. Auf ein Startkommando der
Spielleitung hin bewegt die Spinne sich flink
auf ihrem Spinnennetz und schnappt dabei
nach einem der Kinder. Die vermeintliche
Beute flieht ebenfalls auf den Linien bzw.
Seilen, um der Spinne zu entkommen. Ist
ein Kind der Spinne „ins Netz gegangen"
und gefangen worden, spielt es selbst in der
nächsten Spielrunde die Spinne.

Der Storch und die Frösche

Alter: ab 5 Jahren
Material: für ein Kind 1 Pogo Stick (Sprungstab) oder 1 Paar selbstgemachte oder gekaufte (Dosen-)Stelzen, für alle anderen Kinder 1 Hüpfsack, 1 Trillerpfeife

Die Spielleitung sucht für das Spiel ein übersichtliches Spielfeld aus, auf welchem die Kinder einen Kreis bilden. Sie stellt sich in die Kreismitte, schließt die Augen, dreht sich um die eigene Achse und streckt dabei den rechten Arm und rechten Zeigefinger aus. Irgendwann bleibt sie stehen und deutet auf ein Kind, das den Storch spielt. Dafür erhält es von der Spielleitung einen Pogo Stick oder ein Paar Stelzen. Alle anderen Kinder erhalten Hüpfsäcke und verteilen sich auf dem Spielfeld. Sie spielen Frösche, die quakend herum hüpfen. Die Spielleitung ruft laut: *„Auf die Plätze, fertig, los Storch!"* Der Storch muss hüpfend oder mit Stelzen einen Frosch fangen. Hat er einen Frosch erwischt, bleibt dieser so lange stehen, bis er von einem anderen Frosch berührt wird. Das Spiel ist aus, wenn drei Frösche auf der Stelle stehen oder die Spielleitung nach ca. fünf Minuten das Spiel abpfeift. Eine weitere Spielrunde beginnt.

Variante für jüngere Kinder

Der Storch hüpft auf einem Bein und alle anderen Kinder wie Frösche auf dem Spielfeld herum. Sie passen auf, dass sie nicht vom Storch geschnappt werden.

Kreide, Sand & Wasser marsch!

17 Mal-, Sand- und Matschspiele

Malen, Sandeln und Matschen ist für Kinder ein toller Zeitvertreib. Draußen können Kinder dieser Begeisterung ohne Einschränkung nachkommen: Sie können z. B. auf Asphalt riesige Kreidebilder malen, im Sandkasten einen Schatz ganz tief im Sand vergraben oder mit Sand durch Zugabe von Wasser große wuchtige Sandskulpturen bauen. Hierbei empfiehlt es sich, dass die Kinder wasserdichte Kleidung, wie z. B. Buddelhosen, anziehen.

Das nachfolgende Kapitel enthält eine Vielzahl an Spielen, welche die Kreativität und Fantasie der Kinder fördern. Bei vielen Spielen lernen die Kinder, sich künstlerisch auszudrücken und gemeinsam etwas auf die Beine zu stellen. Bei manchen Spielen kommen die Kinder aber auch richtig in Bewegung. Derartige Spiele werden dem kindlichen Bewegungsbedürfnis gerecht und können auch unmittelbar vor einem ruhigeren kreativen Spiel durchgeführt werden.

Lustige Tierpotpourri

Alter: ab 4 Jahren
Material: Straßenkreide in verschiedenen Farben, 1 Handtrommel

Die Kinder bilden einen großen Kreis auf dem Asphalt oder Kopfsteinpflaster. In der Mitte verteilt die Spielleitung jede Menge Straßenkreide. Mit einer Trommel bewaffnet, gesellt sie sich zu den Kindern im Spielkreis. Gemeinsam laufen alle zum Rhythmus der Trommel im Uhrzeigersinn im Kreis. Stoppt die Trommel, ruft die Spielleitung laut: *„Kopf!"* Jedes Kind schnappt sich blitzschnell ein Stück Kreide, um einen großen Kopfumriss auf den Boden zu zeichnen. Sind alle fertig, legen sie die Kreide zurück auf den Boden und bilden erneut einen Spielkreis. Die nächste Runde beginnt. Stoppt die Trommel erneut, ruft die Spielleitung dieses Mal: *„Große Eulenaugen!"* Die Kinder suchen sich jeweils ein Kreidestück und einen freien Kopfumriss, um riesengroße Eulenaugen zu malen. Auf diese Weise wird das Spiel mit weiteren Mal-Anweisungen, wie z. B. *„Langer Elefantenrüssel"*, oder *„Spitzer Papageienschnabel"* und

„Zwei winzig kleine Mäuseohren", fortgesetzt. Am Schluss schauen die Kinder das lustige, absonderliche Gesicht an. Das gibt sicherlich ein großes Gelächter.

Ziel auf die Mulde!

Alter: ab 5 Jahren
Material: Tischtennisbälle in zwei verschiedenen Farben, Sandschaufeln, 1 Stoppuhr oder Uhr mit Sekundenzeiger, Trillerpfeife; evtl. 1 Softball in Größe eines Tennisballs

Jedes Kind gräbt eine Mulde im Sandkasten. Dann bilden die Kinder zwei gleich große Gruppen. Beide Gruppen knien oder stellen sich um den Sandkasten herum. Jede Gruppe erhält von der Spielleitung Tischtennisbälle in einer bestimmten Farbe, z.B. in Weiß oder Gelb. Auf ein Kommando der Spielleitung hin werfen die Kinder der Reihe nach ihre Tischtennisbälle in irgendeine freie Mulde. Fällt ein Ball in eine Mulde, in der bereits ein Ball liegt, oder verfehlt der Ball sein Ziel, gibt es keinen Punkt. Kinder, die ihre Bälle bereits geworfen haben, drücken den anderen aus ihrer Gruppe fest beide Daumen. Am Schluss zählt jede Gruppe seine Bälle, die sich in den Mulden befinden. Die Gruppe, die am Ende die größte Anzahl an Bällen gezählt hat, gewinnt das Spiel.

Variante für jüngere Kinder

Gemeinsam buddeln die Kinder eine fußballgroße Mulde in den Sand. Die Kinder werfen abwechselnd einen Softball in die Mulde. Immer wenn das Vorhaben gelingt, erhalten sie einen kräftigen Applaus.

Kreisrunde Kunstwerke

Für das nachfolgende Spiel wird eine größere asphaltierte, freie Fläche benötigt, auf der problemlos mit Kreide gekritzelt werden darf.

Alter: ab 5 Jahren
Material: für jedes Kind 1 Pflanzenblatt und 1 weiße Straßenkreide, 1 Handtrommel, Straßenkreide in verschiedenen Farben, unterschiedliche Naturmaterialien, wie z. B. Gras, Stöcke und Kieselsteine

Jedes Kind sucht sich ein Pflanzenblatt und erhält eine weiße Straßenkreide. Die Kinder bilden einen großzügigen Spielkreis, in dessen Mitte sich die Spielleitung mit einer Trommel stellt. Rhythmisch zum Trommelspiel bewegen sich die Kinder im Uhrzeigersinn im Kreis. Stoppt die Trommel, bleiben alle stehen. An der Stelle, an der sie sich befinden, zeichnen sie den Umriss von ihrem Pflanzenblatt auf den Boden. Der Spielablauf wird insgesamt dreimal wiederholt, sodass sich möglichst viele Blätterumrisse auf der Kreisbahn befinden. Die Kinder malen die Blätter in den richtigen Farben aus und sammeln verschiedene Naturmaterialien, mit denen sie den Innenraum des Kreises gestalten. Am Schluss gehen sie langsam im Uhrzeigersinn herum und betrachten ihr fertiges Kunstwerk.

Sand-Pharaonen

Alter: ab 4 Jahren
Material: Sandschaufeln, Naturmaterialien wie z. B. Gänseblümchen, Löwenzahn oder Grashalme, 1 Digitalkamera

Die Kinder bilden zwei bis drei Gruppen und suchen sich jeweils einen Platz im Sandkasten aus. Immer ein Kind aus jeder Gruppe kniet sich auf den Sand. Wer möchte, kann sich auch hinsetzen oder gar mit dem Rücken auf den Sand legen. Die anderen Kinder dürfen den Körper ganz nach Belieben mit Sand bedecken und mit unterschiedlichen kleinen Naturmaterialien, wie z. B. Gänseblümchen, Löwenzahn oder Grashalmen verschönern. Zur Erinnerung macht die Spielleitung ein Foto, auf dem das Körperkunstwerk zu sehen ist. Das einge-

buddelte Kind sucht sich dann ein neues Kind aus, das sich gerne eingraben lässt.
Hinweis: Die Kinder entscheiden selbst, inwieweit sie ihren Körper mit Sand bedecken lassen wollen. Dabei ist jedoch der Kopf stets tabu. Diese Regel sollte den Kindern vor dem Spiel bewusst sein.

Sandskulpturen raten

Alter: ab 5 Jahren
Material: 1 Gießkanne, für jedes Kind 1 Augenbinde, 1 Klangschale

Vorbereitung
Die Spielleitung füllt eine Gießkanne mit Wasser und gießt es auf den trockenen Sand. Ist der Sand sehr trocken, wiederholt sie den Vorgang mehrmals. Sollte der Sand z.B. durch Regen bereits nass sein, entfällt die Vorbereitung!

Spielablauf
Jedes Kind sucht sich einen Platz im Sandkasten aus. Die Spielleitung verbindet allen die Augen. Die Kinder formen etwas aus dem Sand-Wasser-Gemisch, bis die Spielleitung die Klangschale anschlägt. Ist der Klang verklungen, nehmen alle Kinder ihre Augenbinden ab und schauen nach, ob sie etwas an ihrem Kunstwerk verändern wollen. Falls nicht, verlassen alle Kinder den Sandkasten und zwar so, dass sie unterwegs kein Kunstwerk zerstören. Sie setzen sich auf den Sandkastenrand und nehmen die einzelnen Kunstwerke etwas genauer unter die Lupe. Jedes Kind überlegt, was die anderen geformt haben. Am Schluss geben die Kinder sich gegenseitig Auskunft.

Sandburg erobern

Alter: ab 5 Jahren
Material: 1 Stoppuhr oder Uhr mit Sekundenzeiger, 1 kleiner Stock, 1 Pflanzenblatt

Die Kinder bilden zwei gleich große Gruppen. Jede Gruppe sucht sich einen Platz im Sandkasten aus. Die Spielleitung gibt das Startkommando. Beide Gruppen legen los und bauen innerhalb von drei Minuten eine möglichst große Sandburg. Die Gruppe, die nach Ablauf der Zeit die größte hat, gewinnt die erste Spielrunde. Jede Gruppe sucht sich einen kleinen schmalen Stock und ein großes Pflanzenblatt, z.B. von einem Baum. Die Kinder stechen das eine Stockende zweimal hintereinander durch das Blatt. Die Gruppe, die als Erstes ihren Stock auf die gegnerische Burg gesteckt hat, gewinnt die zweite Spielrunde. Wer wird wohl am Ende die Nase vorn haben? Vielleicht beide Gruppen?

Fußspuren im Sand

Alter: ab 3 Jahren
Material: 1 Gießkanne, 1 Rechen

Vorbereitung
Siehe „Sandskulpturen raten". Zudem recht die Spielleitung den Sand möglichst glatt.

Spielablauf
Die Kinder ziehen ihre Schuhe und Strümpfe aus, stellen sich barfüßig um den Sandkasten herum und warten ab, bis die Spielleitung ein Kind auszählt. Das betreffende

Kind deutet auf ein weiteres Kind, mit dem es den Platz auf dem kürzesten Weg durch den Sandkasten wechselt. Nach Platztausch setzt das ausgewählte Kind das Spiel in der gleichen Weise fort. Beim Platzwechsel achten die beiden Kinder darauf, dass die bereits vorhandenen Fußspuren im Sandkasten nicht zerstört werden. Haben alle Kinder wenigstens einmal ihre Fußspuren im nassen Sand hinterlassen, ist das Spiel aus. Die Kinder gehen um den Sandkasten herum und betrachten in aller Ruhe ihre Fußspuren im Sand.

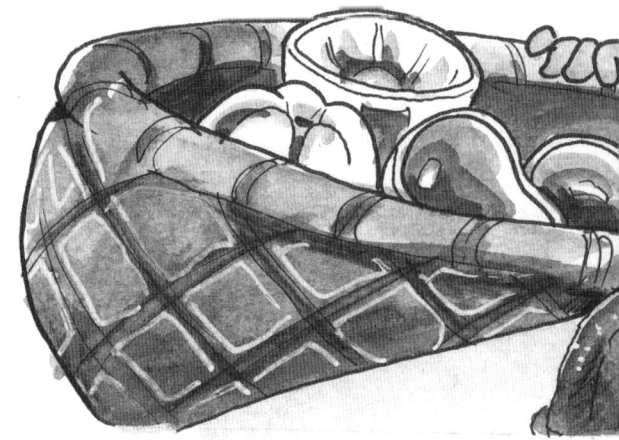

Sandkuchen-BäckerInnen

Alter: ab 4 Jahren
Material: 1 Gießkanne, für jedes Kind 1 Sandform, 1 Stoppuhr oder Uhr mit Sekundenzeiger, 1 Trillerpfeife

Vorbereitung
Siehe Seite 49 „Sandskulpturen raten". Zu alldem unterteilt die Spielleitung den Sandkasten in zwei gleich große Hälften.

Spielablauf
Die Kinder bilden zwei gleich große Gruppen, die sich jeweils eine Sandkastenhälfte aussuchen. Sitzen alle Kinder im Sandkasten, teilt die Spielleitung die Sandförmchen aus und ruft: *„Backe, backe, Kuchen!"* Alle Kinder stellen im Akkord möglichst viele Sandkuchen mithilfe von ihren Förmchen her. Nach drei Minuten pfeift die Spielleitung das Spiel ab. Jede Gruppe zählt seine Sandkuchen und hofft auf die meisten Kuchen.

Variante für ältere Kinder
Alle Kinder sitzen im Sandkasten und stellen innerhalb einer vorgegebenen Zeit eine bestimmte Anzahl an Sandkuchen her. Werden die Kinder die Aufgabe gemeinsam meistern oder fehlen am Ende ein paar Sandkuchen?

Sandformen zuordnen

Alter: ab 5 Jahren
Material: 1 Gießkanne, unterschiedliche Sandformen, 1 Korb

Vorbereitung
Siehe Seite 49 „Sandskulpturen raten".

Spielablauf
Die Kinder holen sich verschiedene Sandformen und backen damit jeweils einen Sandkuchen, die sie allesamt in nächster Nähe zueinander platzieren. Die Sandformen werden in einen Korb gelegt. Die Kinder knien sich

um ihre Sandkuchen herum. Ein beliebiges Kind holt eine Sandform aus dem Korb heraus und hält sie in die Luft: *„Wer weiß, zu welchem Sandkuchen die Form passt?"* Das Kind, das sich zuerst meldet, darf raten. Zur Kontrolle stülpt das Kind vorsichtig die Sandform über den Sandkuchen. Passt die Form zum Kuchen, behält es die Form und hält eine weitere Form aus dem Korb in die Luft. Andernfalls legt das erste Kind die Form in den Korb zurück und nimmt sich eine neue heraus. Das Spiel ist beendet, wenn alle Sandformen richtig zugeordnet wurden. Das Kind mit den meisten Förmchen gewinnt das Spiel.

Variante

Die Kinder machen mit den Sandformen Abdrücke in den Sand, indem sie die Formen mit der Öffnung nach unten in den Sand drücken. Das Spiel verläuft dann so, wie oben beschrieben.

Ganzkörperbild

Alter: ab 4 Jahren
Material: für jedes Paar 1 weiße Straßenkreide, unterschiedliche Naturmaterialien, ggf. Pflanzenblätter

Die Kinder bilden Paare, die sich mit dem Rücken nacheinander auf den Asphalt oder das Kopfsteinpflaster legen. Die Kinder zeichnen gegenseitig ihren Körperumriss ab. Jedes Paar zeichnet Augen, Mund und Nase mit Kreide in den Körper und sucht verschiedene kleine Naturmaterialien, mit denen sich gut die Haare und Kleidungsstücke dekorieren lassen. Sobald alle Körperbilder fertiggestellt sind, gehen die Kinder um diese herum. Wer kann die dazugehörigen Kinder ausfindig machen?
Hinweis: Jüngeren Kindern kann die Spielleitung beim Zeichnen des Körperbildes behilflich sein.

Pflanzen-Detektive

Alter: ab 5 Jahren
Material: 6–8 verschiedene Pflanzen, die sich in der Größe voneinander gut unterscheiden, 1 Korb, 1 weiße Straßenkreide, 1 grüner Schminkstift

Vorbereitung
Die Spielleitung malt den Umriss von sechs bis acht verschiedenen Pflanzen auf den Asphalt oder das Kopfsteinpflaster. Die Pflanzen legt sie zurück in einen Korb.

Spielablauf
Ein beliebiges Kind wählt aus dem Korb eine Pflanze aus und hält sie in die Luft. Die anderen Kinder spielen Detektive und suchen den dazugehörigen Umriss. Das Kind, das die Aufgabe am schnellsten erfüllt, bekommt einen grünen Punkt auf den Hand-

rücken gemalt. Es greift in den Korb, um ein neues Naturmaterial herauszuangeln. Wer zuerst drei grüne Punkte auf dem Handrücken hat, gewinnt das Spiel.

Schatzsuche auf der Schatzinsel

Alter: ab 4 Jahren
Material: für die Hälfte der Kinder 1 Augenbinde und 1 Edelstein, Muscheln, Kieselsteine o. Ä., 1 Stoppuhr oder Uhr mit Sekundenzeiger, 1 Trillerpfeife

Die Spielleitung teilt die Kinder in zwei gleich große Gruppen ein. Sie treten auf der Schatzinsel in Form des Sandkastens gegeneinander an. Die erste Gruppe lässt sich von der Spielleitung die Augen verbinden. Die zweite Gruppe vergräbt für jedes Kind aus

der ersten Gruppe einen Edelstein im Sand. Zusätzlich vergraben sie auch Muscheln, kleine Kieselsteine und andere kleine Dinge. Ruft die zweite Gruppe „*Sucht den Schatz!*", nehmen die Kinder der ersten Gruppe ihre Augenbinden ab und suchen nach den Edelsteinen. Das Spiel ist beendet, wenn die Spielleitung nach drei Minuten das Spiel abpfeift. Alle Kinder zählen die gefundenen Edelsteine. Die Gruppen wiederholen das Spiel mit getauschten Rollen. Die Gruppe, die am Ende die meisten Edelsteine finden konnte, ist Sieger!

Variante für jüngere Kinder

Die Kinder vergraben massenweise Edelsteine im Sand und graben diese dann gemeinsam wieder aus. Wie viele werden sie wohl innerhalb von drei Minuten ausgraben? Sie vergraben die gefundenen Edelsteine wieder und wiederholen das Spiel. Alle sind gespannt, ob sie dieses Mal mehr Edelsteine finden als beim letzten Mal.

Sandsturm

Alter: ab 5 Jahren
Material: 1 Handtrommel

Die Spielleitung holt sich eine Handtrommel. Alle Kinder bilden einen großzügigen Kreis im Sand und stellen sich so auf, dass der Rücken zur Kreismitte zeigt. Sie machen einen Ausfallschritt zur Seite, bücken sich nach vorne und stellen einen Sandsturm in der Wüste dar, indem sie zum langsamen und dann immer schneller werdenden Rhythmus des Trommelspiels den Sand durch die Beine in Richtung Kreismitte schaufeln. Wer von den Kindern bleibt standhaft und wird den Sandsturm überstehen? Die Kinder, die bis zum Trommelstopp auf ihrem Platz stehen bleiben, haben es geschafft!

Variante für jüngere Kinder

Die Kleinen knien sich um den Sandkasten und schaufeln den Sand zum Rhythmus des Trommelspiels mit den Händen nach vorne und zwar so, dass kein Kind den Sand abbekommt. Das geschieht erst ganz langsam und dann immer schneller.

Wald- und Wiesenbilder

Alter: ab 5 Jahren
Material: kleine Naturmaterialien (z. B. Pflanzenblätter, Vogelfedern, Moos und Tannennadeln), Straßenkreide in verschiedenen Farben

Die Kinder sammeln unterschiedliche kleine Naturmaterialien und versammeln sich auf dem Asphalt oder Kopfsteinpflaster. Sie erhalten Straßenkreide von der Spielleitung, knien sich auf den Boden und überlegen gemeinsam, welche Tiere und Pflanzen im Wald zu sehen sind. Sie malen jeweils ein Tier oder eine Pflanze auf den Boden, die sie mit den Naturmaterialien verschönern. Sie verwenden z. B. Federn für einen Vogel, Eicheln für ein Eichhörnchen und Tannennadeln für einen Tannenbaum. Auf diese Weise entsteht ein großes Bild, an dem alle mitgewirkt haben. Am Schluss betrachten alle ihr Kunstwerk und verändern es so lange, bis sie damit zufrieden sind.

Variante

Die Kinder diskutieren darüber, welche Tiere und Pflanzen auf der Wiese zu sehen sind. Wie oben beschrieben, gestalten sie ein Wiesenbild.

Sandbilder fortsetzen

Alter: ab 5 Jahren
Material: 1 Gießkanne, 1 Rechen, Kämme, Gabeln und kleine Stöcke, 1 Klangschale

Vorbereitung
Siehe Seite 49 „Sandskulpturen raten". Zudem recht die Spielleitung den Sand möglichst glatt.

Spielablauf
Die Kinder holen sich entweder einen Kamm, eine Gabel oder einen kleinen Stock und knien sich mit dem Rücken zum Sandkastenrand auf den Sand. Die Spielleitung holt sich eine Klangschale und kniet sich außerhalb des Sandkastens hin. Erklingt die Klangschale, ziehen die Kinder mit den ausgewählten Gegenständen Muster und Formen in den Sand. Ist der Klang verklungen, rücken sie mit ihrem Gegenstand einen Platz im Uhrzeigersinn weiter. Schlägt die Spielleitung erneut die Klangschale an, verschönert jedes Kind das Sandbild, vor dem es gerade sitzt. Das Spiel wird fortgeführt, bis alle wieder vor ihrem ursprünglichen Sandbild sitzen. Garantiert sieht es jetzt ganz anders aus.

Variante für jüngere Kinder
Die Kleinen suchen sich einen beliebigen Platz im Sandkasten. Die Spielleitung schlägt die Klangschale einmal an und alle Kinder ziehen mithilfe von ihren Kämmen, Gabeln und kleinen Stöcken schöne große Muster in den Sand.

Ratefuchs

Alter: ab 5 Jahren
Material: Straßenkreide

Auf dem Asphalt oder Kopfsteinpflaster bilden die Kinder einen großen Kreis. Die

Piratenangriff

Alter: ab 5 Jahren
Material: für die Hälfte der Kinder jeweils
1 Kopftuch, ggf. Augenbinden, Ohrclips
und 1 Augenbrauenstift, 1 Trillerpfeife

Vorbereitung
Die Hälfte der Kinder verkleidet sich als PiratInnen. Siehe Seite 19 „Schatz-Ring".

Spielablauf
Die Kinder finden sich in zwei gleich großen Gruppen zusammen. Die erste Gruppe stellt sich um den Sandkasten herum. Sie spielt die InselbewohnerInnen, die ihre Insel, den Sandkasten, vor den anderen Kindern, den PiratInnen, schützen müssen. Die PiratInnen schwimmen mit ihren imaginären Booten um die Insel herum. Ruft die Spielleitung „Piraten", springen alle Piraten-Kinder gleichzeitig aus ihren Booten, um die Insel zu stürmen. Die InselbewohnerInnen wehren den Angriff ab, indem sie die anstürmenden PiratInnen mit ihren Händen abschlagen. Hat ein Inselbewohner-Kind ein Piraten-Kind gefangen, setzt sich das betreffende Kind außerhalb des Sandkastens auf den Boden. Nach ca. drei Minuten pfeift die Spielleitung das Spiel ab. Die Piraten-Kinder, die es sich auf der Insel bequem gemacht haben, werden gezählt und die Gruppen tauschen die Rollen. Das Spiel ist aus, nachdem jede Gruppe einmal PiratIn und einmal InselbewohnerIn gespielt hat. Welche Gruppe wird wohl die meisten PiratInnen fangen?

Spielleitung zählt ein Kind aus, das sich inmitten des Kreises auf den Boden kniet. Es erhält eine Kreide von ihr und flüstert ihm ein Tier- oder Pflanzennamen ins Ohr, z. B. „Sonnenblume!", welche das Kind auf den Boden malt. „Wer weiß, was das Kind malt?" Das Kind, das die richtige Antwort gibt, ist der Ratefuchs und wechselt in die Mitte des Spielkreises. Die Spielleitung flüstert ihm einen neuen Tier- oder Pflanzennamen ins Ohr, den es zeichnen soll. Nach ein paar Spielrunden vervollständigen alle Kinder die angefangen Bilder und bereichern und verschönern sie durch eigene Ideen.
Hinweis: Wenn sich die Spielleitung für das Ratespiel z. B. nur Tiere und Pflanzen rund um die Wiese aussucht, entsteht allmählich ein wunderschönes großes Wiesenbild, an dem alle Kinder auf irgendeine Weise mitgewirkt haben.

Wunderbare Wetterwelten

17 Spiele
für Sonne, Wind und Regen

Kinder sind unter freiem Himmel nicht nur der Sonne, sondern z. B. auch dem Wind und dem Regen ausgesetzt. So sammeln sie ganz nebenbei im Spiel grundlegende Erfahrungen aus erster Hand über das Wetter. Damit jedoch alle Kinder motiviert und voller Begeisterung dabei sind, müssen sie sich wettergerecht kleiden.

In diesem Kapitel folgen nun Spielideen rund um Sonne, Wind und Regen. Passend zu jeder Wetterlage, kommen z. B. Regenschirme zum Einsatz, verfolgen die Kinder das Spiel zwischen Licht und Schatten oder lassen Gegenstände vom Winde verwehen. Dabei ist ratsam, das richtige Wetter für die Spiele abzupassen, um sie überhaupt bzw. realitätsgetreu umsetzen zu können. Denn natürlich machen Spiele, z. B. mit Regenschirmen, erst dann viel Spaß, wenn es draußen tastsächlich nieselt oder sogar regnet.

Insgesamt lernen die Kinder, verschiedene Wetterlagen zu benennen und voneinander zu unterscheiden: Sie spüren den Regen, fühlen den Wind und lassen sich von den Sonnenstrahlen wärmen. Egal, auf welches Spiel die Wahl fällt: Alle Spiele fördern die Sinne und machen sensibel für die Geschehnisse in der Natur.

Wind, Sonne oder Regen?

Das folgende Spiel lehnt sich an das bekannte Spiel „Feuer, Wasser, Sturm" an.

Alter: ab 5 Jahren
Material: für jedes Kind außer einem 1 Regenschirm, 1 Handtrommel

Vorbereitung

Auf einem übersichtlichen Spielfeld, auf dem sich auch ein paar Bäume befinden, spannt jedes Kind mit Ausnahme von einem seinen Regenschirm auf und stellt ihn an irgendeiner Stelle ab.

Spielablauf

Alle kommen in einem Spielkreis zusammen. Die Spielleitung steht mit der Trommel in der Spielfeldmitte und erklärt den Kindern, was sie tun müssen, wenn sie *„Wind!" (= einen Baum umarmen), „Sonne!" (= sich auf den Boden setzen und ausruhen)* oder *„Regen!" (= sich unter einen freien Regenschirm stellen)* ruft. Sie übergibt einem beliebigen Kind die Trommel. Zum Rhythmus des Trommelspiels gehen alle über das Spielfeld. Stoppt die Trommel, folgen alle so schnell wie möglich der Anweisung des Kindes, das jetzt z. B. *„Regen!"* ruft. Das Kind, das am schnellsten unter einem aufge-

spannten Regenschirm steht, hat die Spielrunde gewonnen. Es stellt seinen Regenschirm auf dem Spielfeld ab und erhält die Trommel von der Spielleitung. Eine neue Spielrunde mit neuer TrommlerIn beginnt.

Variante für jüngere Kinder

Das Spiel verläuft so, wie oben beschrieben, jedoch ohne Regenschirme. Vielmehr dürfen die Kinder bei der Anweisung *„Regen"* stehen bleiben und sich selbst mit den Fingerspitzen auf den Kopf klopfen. Alle anderen Anweisungen bleiben. Zu alldem trommelt lediglich die Spielleitung, sodass alle Kinder von Anfang bis zum Ende auf dem Spielfeld bleiben und mitmachen.

Schatten-Platzwechsel

Für dieses Spiel wird nicht nur Sonnenschein, sondern auch ein überschaubares Spielfeld mit ein paar Bäumen benötigt, die viel Schatten spenden.

Alter: ab 4 Jahren
Material: 1 Schildmütze

Die Spielleitung zählt ein Kind aus, das sich eine Schildmütze aufsetzt. Alle anderen Kinder suchen sich einen Schattenplatz. Ruft das Kind *„Schattenplatz wechsel dich!"*, laufen alle Kinder los, um sich einen neuen Schattenplatz zu suchen. Das Kind mit der Schildmütze jagt hinter einem der anderen Kinder her. Hat es ein Kind geschnappt, bevor es den sicheren Schattenplatz erreicht hat, tauschen beide ihre Rollen. Andernfalls ist das erste Kind erneut der Fänger oder die Fängerin.

Pfützenspritzer

Alter: ab 3 Jahren
Material: 1 weiße Straßenkreide oder mehrere Springseile, 1 Augenbinde

Die Spielleitung zeichnet mit Kreide oder legt aus Seilen einen großen Kreis um eine Pfütze herum. Sie verbindet einem Kind die Augen und stellt es neben die Pfütze. Alle anderen Kinder verteilen sich in einem großzügigen Kreis um das Kind. Auf ein Kommando der Spielleitung wechseln die Kinder im Kreis möglichst rasch ihre Plätze. Das Kind in der Mitte springt mehrmals in die Pfütze, um möglichst viele Kinder nass zu spritzen. Am Ende nimmt es seine Augenbinde ab und schaut nach, ob es ein paar Kinder erwischt hat. Es wechselt mit einem anderen Kind den Platz und die große Spritzerei beginnt von Neuem. Das Spiel ist aus, wenn möglichst alle Kinder ein paar Wasserspritzer abbekommen haben.

Variante für ältere Kinder

Zwei bis drei Kinder, auf welche die Spielleitung deutet, wechseln rasch ihre Plätze. Das Kind, das neben der Pfütze steht, springt in die Pfütze, sobald es glaubt, dass ein Kind sich in seiner Nähe befindet.

Sonne oder Schatten?

Für dieses Spiel wählt die Spielleitung an einem sonnigen Tag ein überschaubares Spielfeld mit genügend Schattenplätzen aus.

Alter: ab 3 Jahren
Material: 1 Handtrommel

Die Spielleitung stellt sich mit einer Handtrommel in die Spielfeldmitte. Zum Rhythmus des Trommelspiels laufen alle Kinder kreuz und quer über das Spielfeld. Das geht so lange, bis die Spielleitung zu trommeln aufhört und z. B. *„Such dir einen Sonnenplatz!"* ruft. Das Kind, das am schnellsten im Sonnenlicht steht, erhält die Handtrommel und denkt sich einen neuen Trommelrhythmus aus, zu dem die Kinder sich im Takt auf dem Spielfeld bewegen. Nach einer Weile hört es auf zu trommeln und ruft z. B.: *„Such dir einen Schattenplatz!"* Wer wird jetzt wohl als Erstes im Schatten stehen?

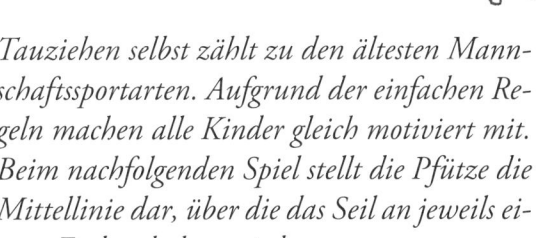

Blätterjagd

Das nachfolgende Spiel eignet sich vor allem für lauschige Herbsttage, wenn die Blätter von den Bäumen fallen und sich große Laubhaufen angesammelt haben.

Alter: ab 3 Jahren

Zwei bis drei Kinder stehen in einem großen Laubhaufen. Alle anderen positionieren sich um diesen herum. Gibt die Spielleitung das Startzeichen, greifen die außen stehenden Kinder tief in den Haufen. Auf ein erneutes Zeichen der Spielleitung hin reißen sie ihre Arme weit nach oben, sodass ein Teil der Blätter in die Luft fliegt. Die drei Kinder im Laubhaufen fangen jeweils eines der wirbelnden Blätter. Die Rollen werden getauscht und ein neues Spiel beginnt.

Variante für ältere Kinder

Wenn es draußen etwas stürmt, suchen sich die Kinder einen großen Laubbaum. Gibt die Spielleitung das Startzeichen, fängt jedes Kind ein Blatt, das der Wind vom Baum weht. Wer wird wohl als Erstes ein Blatt erwischen?

Pfützen-Tauziehen

Tauziehen selbst zählt zu den ältesten Mannschaftssportarten. Aufgrund der einfachen Regeln machen alle Kinder gleich motiviert mit. Beim nachfolgenden Spiel stellt die Pfütze die Mittellinie dar, über die das Seil an jeweils einem Ende gehalten wird.

Alter: ab 4 Jahren
Material: 1 Springseil; evtl. 1 Tau

Nachdem es draußen geregnet hat, ziehen sich alle Kinder ihre Regenjacken und Gummistiefel an. Miteinander suchen sie sich eine große Pfütze aus. Zwei Kinder, die etwa gleich alt sind, erhalten ein Spring-

seil und stellen sich so gegenüber, dass sich die Pfütze zwischen ihnen befindet. Dabei sind sie beide möglichst gleich weit von der Pfütze entfernt. Das Seil halten sie locker gespannt über der Pfütze an jeweils einem Ende fest. Auf ein Startzeichen, das durch die Spielleitung erfolgt, ziehen die beiden Kinder sich gegenseitig in Richtung Pfütze. Die anderen Kinder feuern sie kräftig an. Das Kind, das zuerst mit den Füßen in der Pfütze steht, hat verloren.

Variante für ältere Kinder

Die Kinder bilden zwei gleich große Gruppen, die an jeweils einem Ende des Taus ziehen. Zwischen den beiden Gruppen ist die Pfütze. Sieger ist, wer die gegnerische Gruppe in die Pfütze zieht.

Zeitungsblätter im Wind

Alter: ab 4 Jahren
Material: Zeitungsblätter, 1 Stoppuhr oder Uhr mit Sekundenzeiger

Wenn draußen der Wind so richtig weht, bilden die Kinder zwei gleich große Gruppen. Gemeinsam wählen sie ein überschaubares Spielfeld aus. Die Kinder aus der ersten Gruppe erhalten von der Spielleitung jeweils ein Zeitungsblatt und stellen sich außerhalb des Spielfelds in Windrichtung in einer Reihe auf. Gruppe zwei verteilt sich auf dem Spielfeld. Auf ein Kommando der Spielleitung hin lässt die erste Gruppe ihre Zeitungblätter los. Die Kinder aus Gruppe zwei gehen flink auf die Jagd und schnappen nach den vom Wind verwehten Zeitungsblättern. Haben sie alle Zeitungsblätter eingesam-

melt, stoppt die Spielleitung die Zeit. Die beiden Gruppen tauschen ihre Rollen und wiederholen das Spiel. Die Gruppe, welche die Zeitungsblätter in kürzester Zeit wieder einsammeln konnte, gewinnt das Spiel.

Zwei unter einem Regenschirm

Wenn es draußen nieselt oder regnet, macht das folgende Regenschirm-Spiel besonders viel Spaß.

Alter: ab 4 Jahren
Material: für die Hälfte der Kinder außer zwei jeweils 1 Regenschirm

Die Kinder ziehen ihre Regenkleidung an und gehen nach draußen. Gemeinsam wählen sie ein überschaubares Spielfeld aus und bilden zwei gleich große Gruppen. Bis auf zwei Kinder erhalten alle Kinder aus der ersten Gruppe von der Spielleitung jeweils einen aufgespannten Regenschirm. Sie gehen gemeinsam mit der zweiten Gruppe auf dem Spielfeld spazieren. Eines der beiden ausgewählten Kinder geht ebenfalls auf dem Spielfeld spazieren. Das andere Kind steht außerhalb vom Spielfeld und ruft z. B.: *„Es regnet!"* Alle Kinder, die im Regen stehen, suchen sich so schnell wie möglich einen freien Platz neben einem Kind mit Regenschirm. Das Kind, das keinen freien Platz unter einem Regenschirm finden konnte, tauscht mit dem Kind außerhalb des Spielfelds die Rollen. Auch die Regenschirme wechseln ihre Besitzer und eine neue Spielrunde kann beginnen.

Wirbelwind

Alter: ab 5 Jahren
Material: für jedes Kind 1 bestimmtes Pflanzenblatt, 1 weiße Straßenkreide oder 1 Springseil

Ist es draußen so richtig windig, sucht sich jedes Kind in der näheren Umgebung ein bestimmtes Pflanzenblatt aus. Gemeinsam wählen die Kinder einen Untergrund aus, der möglichst wenige Unebenheiten aufweist. Die Spielleitung oder ein älteres Kind zeichnet einen langen Kreidestrich auf den Boden oder legt ein langes Seil aus, das die Startlinie darstellt. Die Kinder knien sich hinter die Startlinie und zwar so, dass sie den Wind im Rücken haben. Sie halten ihr Blatt direkt vor sich auf der Startlinie fest. Auf das Kommando der Spielleitung hin lassen alle ihre Blätter los, die nun vom Wind fortgeweht werden. Sie laufen ihnen hinterher und fangen die wirbelnden Pflanzenblätter. Wer zuerst sein Pflanzenblatt wieder in den Händen hält, gewinnt das Spiel.

Stopp das wilde Malpapier!

Alle Kinder wollen das Malpapier schnappen, das der Wind fortweht. Wer wird wohl als Erster das Blatt zum Stoppen bringen und etwas auf dem Blatt malen können?

Alter: ab 4 Jahren
Material: 1 A3-Malpapier, Buntstifte; evtl. für jedes Kind 1 A3-Malpapier, 1 Stoppuhr oder Uhr mit Sekundenzeiger

Sobald draußen der Wind kräftig weht, bilden nicht zu viele Kinder einen großen Spielkreis, in dessen Mitte die Spielleitung mit einem Malpapier steht. Sie ruft *„Wer tritt zuerst auf das Malpapier?"* und lässt das Blatt los. Blitzschnell jagen die Kinder dem Blatt hinterher, um es mit den Füßen zu stoppen.

Wer es zuerst schafft, wählt eine bestimmte Farbe aus und malt einen großen Punkt oder etwas anderes darauf. Nach drei bis vier Durchgängen gewinnt das Kind das Spiel, das die meisten Sachen auf das Papier malen konnte.

Variante für eine große Gruppe

Jedes Kind erhält ein Malpapier. Die Spielleitung gibt das Startkommando. Alle Kinder lassen ihre Blätter los, die der Wind fortweht. Die Kinder haben drei Minuten Zeit, um alle Blätter zum Stoppen zu bringen. Wird die Gruppe die Aufgabe meistern?

In Windeseile

Das Spiel verläuft so ähnlich wie das uralte Spiel „Faules Ei", jedoch ohne ein Taschentuch.

Alter: ab 3 Jahren

Alle stehen im Spielkreis beisammen – die Gesichter sind zur Spielkreismitte gewandt. Ein Kind geht im Uhrzeigersinn um den Spielkreis herum, es spielt den Wind. Irgendwann bleibt es stehen, um einem Kind aus dem Spielkreis in den Nacken zu pusten. Spürt das ausgewählte Kind den Windhauch, läuft es in Windeseile dem Kind im Uhrzeigersinn hinterher. Schafft es das vorweglaufende Kind den Platz des Verfolgers im Spielkreis einzunehmen, ohne gefangen zu werden, spielt das Verfolger-Kind den neuen Wind. Sollte jedoch das Kind, das dem anderen hinterherjagt, es einholen, dann muss das gefangene Kind in die Kreismitte gehen und dort so lange warten, bis es von einem anderen Kind abgelöst wird.

Sommerwind und Wirbelsturm

Alter: ab 5 Jahren
Material: für jedes Kind 2 große Pflanzenblätter

Jedes Kind holt sich möglichst von einem Laubbaum zwei große Blätter und hält je ein Blatt unten am Stil mit der Hand fest. Gemeinsam bilden alle einen großzügigen Spielkreis und machen mit dem linken Fuß auf der Kreisbahn einen Schritt zur Seite. Die Spielleitung steht in der Kreismitte und erteilt kurz hintereinander und in einer willkürlichen Reihenfolge die unten aufgeführten Anweisungen, welche die Kinder mit ihren Blättern befolgen:

- Sommerwind *(Leicht gegen die Blätter pusten.)*
- Kräftiger Herbstwind *(Stark gegen die Blätter pusten.)*
- Wirbelsturm *(Das Blatt kreisförmig bewegen.)*
- Windstille *(Das Blatt ruhig in der Hand halten.)*

Die Spielleitung beobachtet die Kinder dabei. Reagiert ein Kind falsch, muss es in die Mitte gehen und das Spiel von dort aus mitmachen. Die Kinder, die nach ein paar Spielrunden immer noch im Spielkreis stehen, haben die Aufgabe mit Bravour gemeistert. Die Kinder wiederholen das Spiel, dieses Mal aber mit erhöhter Geschwindigkeit.

Such das Sonnenlicht!

Alter: ab 4 Jahren
Material: 1 kleiner Spiegel

An einem sehr sonnigen Tag versammeln sich die Kinder um die Spielleitung. Sie hat einen kleinen Spiegel in der Hand und hält ihn so, dass die Sonnenstrahlen sich darin spiegeln. Sie ruft laut *„Wer findet das Sonnenlicht?"* und leitet es mit ruhiger Hand z. B. zu einem Baumstamm weiter. Das Kind, das den weitergeleiteten Sonnenstrahl als Erstes auf dem Baumstamm entdeckt bzw. neben diesem steht, hat das Spiel gewonnen. Es übernimmt in der nächsten Spielrunde die Rolle der Spielleitung und sucht sich ein neues Ziel für das Sonnenlicht aus.

Hinweis: Bei Bedarf leistet die Spielleitung dem Kind, das den Spiegel erhält, Hilfestellung.

Pfiffiges Schattenfangen

Alter: ab 5 Jahren
Material: 1 Trillerpfeife für die Hälfte der Kinder

An einem sonnigen Tag beobachten die Kinder ihren Schatten. Sie bilden Paare und wählen ein übersichtliches Spielfeld aus. Pfeift die Spielleitung das Spiel an, läuft das erste Kind im Zick-Zack über das Spielfeld. Sein Partnerkind verfolgt es und tritt möglichst oft auf den Schatten. Immer, wenn das Vorhaben gelingt, pfeift es kurz. Nach ca. zwei bis drei Minuten werden die Rollen gewechselt. Kinder, die drei- oder gar mehrmals gepfiffen haben, haben die Aufgabe mit Bravour gemeistert.

Sonnenuntergang

Alter: ab 4 Jahren
Material: Pflanzenblätter, für jedes Kind
1 langer Stock und 2 Kieselsteine,
1 Handtrommel

Vorbereitung

Gemeinsam legen die Kinder einen großen
Kreis aus Pflanzenblättern auf den Boden.
Sie suchen sich jeweils einen langen Stock,
den sie allesamt so wie Sonnenstrahlen um
den Kreis aus Blättern anordnen. Dabei achten sie darauf, dass der Abstand zwischen
den Stöcken möglichst gleich groß ist. In die
„Sonne" legt jedes Kind zwei Kieselsteine.

Spielablauf

Die Spielleitung holt sich eine Trommel und
stellt sich in die „Sonne".
Zum Rhythmus des Trommelspiels springen die Kinder nacheinander im Uhrzeigersinn über die einzelnen Stöcke. Stoppt die
Trommel, sucht sich jedes Kind so schnell
wie möglich einen freien „Sonnenstrahl",
neben den es sich stellt. Die Spielleitung legt
einen Stock zur Seite und trommelt erneut.
Die Kinder wiederholen das Spiel. Das Kind,
das beim nächsten Trommelstopp keinen
„Sonnenstrahl" findet, entfernt einen weiteren Stock. Es stellt sich neben die Spielleitung in die „Sonne" und nimmt sich zwei
Steine, um den Rhythmus des Trommelspiels in der nächsten Spielrunde zu beglei-
ten. Das Spiel gewinnt das Kind, das vor
dem letzten „Sonnenstrahl" steht. Es legt
den letzten Stock zur Seite und ruft laut:
„Die Sonne geht unter und der Mond auf!"

Das Regenschirm-Versteck

Alter: ab 4 Jahren
Material: für jedes Kind 1 Regenschirm,
1 Trillerpfeife

Alle Kinder spannen ihre Regenschirme auf
und gehen auf einem überschaubaren Spielfeld spazieren. Pfeift die Spielleitung, bleiben alle Kinder stehen. Sie wählt zwei beliebige Kinder aus. Beide legen ihre Schirme
zur Seite und suchen das Kind, dessen Na-

men die Spielleitung ihnen nennt. Flink gehen die anderen Kinder in die Hocke und verstecken sich so gut wie möglich unter ihren Schirmen. Kann eines von den beiden das gesuchte Kind trotzdem finden? Falls ja, fängt das Spiel von vorne an.

Hinweis: Das Spiel macht draußen, wenn es nieselt oder gar regnet, gleich doppelt so viel Spaß!

Tanz der Sonnenstrahlen

Für dieses Spiel brauchen die Kinder nicht nur die Sonne, die kräftig scheinen muss, sondern auch eine Tanzfläche für die Sonnenstrahlen in Form einer Hauswand.

Alter: ab 5 Jahren
Material: für jedes Kind 1 kleiner Spiegel

Alle Kinder, die möglichst nah beisammen in einer Reihe stehen, bekommen jeweils einen Spiegel von der Spielleitung. Den Spiegel halten sie so, dass sie die Sonnenstrahlen damit einfangen können. Die Kinder achten darauf, dass das Sonnenlicht auf eine Hauswand weitergeleitet wird. Gemeinsam singen sie ein bekanntes Kinderlied, wie z. B.: *„Alle meine Entchen!"* Im Takt zur Melodie bewegen sie ihre Spiegel hin und her, kreuz und quer und beobachten dabei das tanzende Sonnenlicht auf der Hauswand.

Variante

Drei Kinder erhalten jeweils einen Spiegel. Alle anderen Kinder singen ein Lied und patschen mit ihren Händen im Takt zur Melodie auf ihre Oberschenkel. Und die drei Kinder? Sie leiten das Sonnenlicht passend zur Melodie an die Hauswand weiter. Alle verfolgen mit ihren Augen das tanzende Sonnenlicht auf der Hauswand.

Süße Träume unter der Blätterdecke

16 Ruhe- und Entspannungsspiele im Wald und auf der Wiese

Kinder wollen sich ausgiebig bewegen und dabei ihre Welt erforschen. Dennoch brauchen Kinder tagsüber auch genügend Ruhe- und Erholungszeiten. Zum Innehalten und Entspannen bieten sich ein nahegelegenes Waldstück oder eine große Wiese geradezu an. Im Gegensatz zu den Innenräumen können die Kinder draußen die frische Luft einatmen und die freie Natur mit allen Sinnen erleben und genießen.

Die folgenden Ruhespiele, Mandalas, Streichelmassagen, Mediationen und kurzen Fantasiereisen erfordern keine speziellen therapeutischen Kenntnisse und eignen sich besonders gut für Wald und Wiese. Sie helfen, neue Kraft zu tanken, Achtsamkeit zu üben, innere Ruhe zu finden und den eigenen Körper wahrzunehmen. Indem die Kinder Stille erleben, wird im besonderen Maße die Konzentration und Aufnahmefähigkeit gefördert.

Darüber hinaus lernen die Kinder, sich ausgiebig und hingebungsvoll mit ihrem natürlichen Lebensraum auseinanderzusetzen und nicht zuletzt die freie Natur zu schätzen und zu genießen.

Morgens im Wald
(Streichelmassage)

Alter: ab 4 Jahren

Die Kinder stellen sich hintereinander im Kreis auf und zwar so, dass sie die Schultern des vor ihnen stehenden Kindes mit ihren Händen gut berühren können. Die Spielleitung, die in der Kreismitte steht, sagt z. B. Folgendes:

„Ganz entspannt fängt der Waldtag an.
Als Erstes sind die Schultern dran."
(Mit der flachen Hand kreisförmig über die Schultern streicheln.)

„Ganz entspannt fängt der Waldtag an.
Als Zweites ist der Rücken dran."
(Mit der flachen Hand den Rücken streicheln.)

„Ganz entspannt fängt der Waldtag an.
Als Drittes sind die Arme dran."
(Mit den flachen Händen gleichzeitig über die Arme streicheln.)

„Munter und fit sind alle nun.
Es geht los! Es gibt viel zu tun!"
(Mit dem Zeige- und Mittelfinger auf dem Rücken spazieren gehen.)

Am Schluss recken und strecken die Kinder sich ausgiebig. Sie wenden sich der Kreismitte zu und wünschen sich gegenseitig einen: *„Guten Morgen!"*

Mandalas aus Naturmaterialien

Alter: ab 5 Jahren
Material: Naturmaterialien (z. B. Zapfen, Steine, Kastanien und Blätter),
1 Klangschale

Die Kinder sammeln jede Menge kleine Naturmaterialien und bilden einen Kreis. Sie knien sich hin und beginnen mit dem Mandala, indem sie einen Gegenstand direkt vor sich auf den Boden legen. Um ihn herum platzieren sie ringförmig weitere Naturmaterialien. Schlägt die Spielleitung die Klangschale an, wechseln alle Kinder möglichst leise ihre Plätze. Sitzen alle vor einem anderen Mandala, schlägt die Spielleitung wieder die Klangschale an. Nun vervollständigen die Kinder mit weiteren Naturmaterialien die angefangenen Mandalas. Erklingt die Klangschale erneut, wechseln die Kinder wieder ihre Plätze. Nach fünf Durchgängen geht jedes Kind wieder auf seinen Ausgangsplatz zurück. Die Klangschale erklingt ein letztes Mal und alle Kinder stellen ihr Mandala fertig. Jedes Kind betrachtet sein Mandala in aller Ruhe. Es schließt hin und wieder seine Augen, um auszuprobieren, ob es sein Mandala vor seinem inneren Auge sehen kann.

Massage mit Naturmaterialien

Alter: ab 4 Jahren
Material: für jedes Paar 1 Decke und
3 verschiedene Naturmaterialien (z. B.
1 Kastanie, 1 Eichel und 1 Pflanzenblatt),
1 Klangschale

Die Kinder gehen zu zweit zusammen, holen
sich eine Decke und suchen sich drei Naturmaterialien, wie z. B. eine Kastanie, eine Eichel und ein Pflanzenblatt. Dann legt sich
eines der Kinder bäuchlings auf die Decke
und schließt seine Augen. Das andere Kind
kniet sich direkt daneben. Lässt die Spielleitung die Klangschale erklingen, nimmt es
sich eines der drei Naturmaterialien und
massiert damit sein Partnerkind, indem es
z. B. die Kastanie oder Eichel über den Rücken rollt oder mit dem Pflanzenblatt über
die Arme streichelt. Erklingt die Klangschale erneut, sucht sich das Kind ein neues Naturmaterial für die Massage aus. Das Spiel
wird so lange fortgeführt, bis alle drei Naturmaterialien verwendet wurden. Das mas-

sierte Kind öffnet die Augen, ballt seine
Hände zu Fäusten, reckt und streckt sich
und steht schließlich über die Seitenlage auf.
Die Kinder tauschen ihre Rollen und wiederholen das Ganze. Am Schluss bilden die
Kinder einen Kreis und berichten sich gegenseitig, welches Naturmaterial sich nach
ihrer Meinung am besten angefühlt hat.

Rücken-Fühlbild

Alter: ab 5 Jahren
Material: für die Hälfte der Kinder jeweils
1 kälteisolierende, wasserdichte
Sitzunterlage und für die andere Hälfte
1 großes Pflanzenblatt, 1 Klangschale

Die eine Hälfte der Kinder sitzt im Schnei-
dersitz auf jeweils einer Sitzunterlage. Die
andere Hälfte sucht sich jeweils ein großes
Pflanzenblatt und kniet sich hinter ein freies
Kind nieder. Hier zeichnen sie jeweils ein
Bild mit dem Zeigefinger auf den Rücken
des vor ihnen sitzenden Kindes. Das kann

z.B. ein Herz, ein Kreis oder eine Sonne sein. Das wiederholen sie mehrmals, bis die Spielleitung einmal die Klangschale anschlägt. Wissen die Kinder, was ihnen auf den Rücken gezeichnet wurde? Die MalerInnen geben Auskunft und benutzen ihre Pflanzenblätter wie einen Schwamm, um das „Bild" auf dem Rücken „wegzuwischen". Sie wechseln ihre Rollen und alles beginnt von vorne.

Variante für jüngere Kinder

Die Spielleitung zeigt den Kindern, was sie auf den Rücken ihres Partnerkindes mit ihrem Zeigefinger malen sollen, indem sie in der Luft verschiedene Dinge vormacht, wie z.B. Kreise, Punkte, Schlangen- und Wellenlinien. Die knienden Kinder beobachten alles genau und machen es sofort nach. Nach einer Weile schlägt die Spielleitung auf die Klangschale. Schaffen es die Partnerkinder, die auf den Rücken gemalte Sache in der Luft mit dem Zeigefinger nachzuzeichnen?

Kastanienmassage

Alter: ab 5 Jahren
Material: für die Hälfte der Kinder jeweils 1 Decke und 1 Kastanie ohne Schale

Die Hälfte der Kinder bildet einen großzügigen Kreis, legt sich mit dem Rücken ganz entspannt auf die Decken und schließt die Augen. Alle anderen Kinder sammeln Kastanien und knien sich neben jeweils ein liegendes Kind nieder. Die Kastanien platzieren sie auf den Rücken ihrer Partnerkinder. Alle Kinder massieren ihre Partnerkinder zur Anweisung der Spielleitung: *„Die Kastanie ist vom Kastanienbaum herabgefallen, sanft auf deinem Rücken gelandet, auf dem sie nun weiterrollt!"* Nach einer Weile benennt die Spielleitung ein Kind, das sich eine neue Anweisung überlegt und laut ausspricht, z.B.: *„Die Kastanie rollt nun weiter auf einen Arm!"* Das Spiel ist beendet, wenn vier bis fünf Körperteile von den Kindern benannt wurden. Am Ende sagt die Spielleitung: *„Die Kastanie bleibt nun stehen, ruht sich von der langen Reise aus und träumt noch ein bisschen vor sich hin!"* Die liegenden Kinder öffnen langsam ihre Augen. Sie ballen ihre Hände zu Fäusten, recken und strecken sich ausgiebig und stehen über die Seitenlage auf. Es findet ein Partnerwechsel statt und das Spiel wird wiederholt.
Hinweis: Für einen reibungslosen Spielablauf, empfiehlt es sich, dass die Kinder vor dem Spiel ein paar Körperteile aufzählen und dabei auf diese deuten.

Mal deinen Traumvogel!

Alter: ab 5 Jahren
Material: für jedes Kind 1 Decke, 1 großes Malpapier und 1 Malunterlage, Wachsmalstifte

Wenn es draußen schön warm ist, gehen die Kinder in den Wald oder auf die Wiese und legen sich entspannt mit dem Rücken auf ihre Decken. Sie schließen ihre Augen und lauschen dem Gesang der Vögel. Vielleicht gefällt ihnen eine Vogelstimme besonders gut. Sie stellen sich den Vogel vor, der gerade so schön pfeift. Dabei leitet sie die Spielleitung an:

„Ist der Vogel groß oder eher klein? Wie schaut sein Federkleid aus? Ist er bunt oder einfarbig? Und hat er einen großen oder eher kleinen Schnabel? Und was macht er gerade? Fliegt er vergnügt in der Luft oder ruht er sich vielleicht auf einem Zweig aus?"

Nach einer kurzen Pause öffnen die Kinder ihre Augen. Sie ballen ihre Hände zu Fäusten, recken und strecken sich und stehen über die Seitenlage auf. Am Schluss malt jedes Kind den Vogel, den es in seiner Fantasie gesehen hat.

Blätterträume

Alter: ab 3 Jahren
Material: für die Hälfte der Kinder 1 Decke, Pflanzenblätter

Die Hälfte der Gruppe legt sich entspannt im Kreis mit dem Bauch oder Rücken auf ihre Decken und schließt die Augen. Alle anderen Kinder suchen sich ein Dutzend Blätter, die sie auf den Körper von jeweils einem Kind legen, und singen gemeinsam ein bekanntes Kinderlied, wie z. B.: *„Schlaf, Kindlein schlaf!"* Ist das Lied beendet, ballen alle liegenden Kinder ihre Hände zu Fäusten, recken und strecken sich ausgiebig und stehen über die Seitenlage auf, sodass die Blätter vom Körper auf den Boden fallen. Die Kinder tauschen die Rollen. Bevor jedoch das Spiel wiederholt wird, heben die Kinder die Blätter, die auf ihrem Körper gelegen haben, wieder auf.

Stell dir den Baum vor!

Alter: ab 5 Jahren
Material: für jedes Kind 1 Augenbinde

Die Kinder bilden eine Reihe und erhalten Augenbinden zum Überziehen. Hand in Hand führt sie die Spielleitung zu einem großen Baum. Nacheinander umarmt jedes Kind den Baum mit seinen Armen und tastet ihn ausgiebig ab. Sie setzen sich um den Baum herum und lassen sich von der Spielleitung anleiten:

„Stell dir den Baum vor, den du gerade umarmt hast. Wie schaut wohl der Baum aus? Wie weit reichen seine Wurzeln in die Erde? Wie groß wird er wohl sein? Hat er dicke Äste und viele Zweige? Welche Farben haben seine Blätter? Und welchen Tieren bietet er Nahrung und Unterschlupf? Vielleicht krabbelt gerade eine Raupe auf seinen Blättern oder ein Eichhörnchen springt von Ast zu Ast."

Nach einer Weile öffnen die Kinder ihre Augen, ballen die Hände zu Fäusten, recken und strecken sich und stehen über die Seitenlage auf. Sie schauen sich in aller Ruhe den Baum an, dessen Stamm sie gerade umarmt haben. Wer möchte, kann auch den anderen erzählen, wie sein Baum in der Fantasie ausgesehen hat.

Ausflug ins Grüne
(Streichelmassage)

Alter: ab 4 Jahren
Material: für die Hälfte der Kinder jeweils 1 Decke

Die Kinder bilden Paare. Eines von ihnen legt sich entspannt mit dem Bauch auf eine Decke und das andere Kind kniet sich direkt neben ihm nieder, um es zu massieren. Die Spielleitung liest den folgenden Text laut vor

und macht die dazugehörigen Bewegungen in der Luft vor:

„Heute wollen wir wandern gehen und uns in der Natur umsehen."
(Mit dem Zeige- und Mittelfinger auf dem Rücken spazieren gehen.)

„Wir bleiben vor einem Baum stehen und können ein Vogelnest sehen."
(Mit der flachen Hand kreisförmig über den Rücken streicheln.)

„Langsam gehen wir weiter und dann? Ein Reh begegnet uns irgendwann."
(Mit dem Zeige- und Mittelfinger auf dem Rücken spazieren gehen.)

„Es hat große Augen und springt weg. Nachzulaufen hat gar keinen Zweck."
(Mit der flachen Hand kreisförmig über die Schultern streicheln und dann mit dem Zeige-, Mittel- und Ringfinger sowie dem kleinen Finger auf dem Rücken spazieren gehen.)

„Wir ruhen uns schließlich etwas aus. Danach gehen wir vergnügt nach Haus."
(Erst mit der flachen Hand den Rücken streicheln und dann mit dem Zeige- und Mittelfinger auf dem Rücken spazieren gehen.)

„Abends träumen wir im warmen Bett. Denn alles war richtig schön und nett."
(Mit der flachen Hand kreisförmig über die Schultern, den Rücken und das Becken streicheln.)

Mein Lieblingstier

Alter: ab 5 Jahren
Material: für jedes Kind 1 Decke,
1 Malpapier und 1 Malunterlage, Buntstifte

Die Kinder legen sich entspannt mit dem Rücken auf ihre Decken und schließen ihre Augen. Während sie die wohltuenden Sonnenstrahlen genießen, überlegen sie sich ein Wald- oder Wiesentier, das ihnen besonders gut gefällt. Nach einer kurzen Pause leitet sie die Spielleitung an:

„Wie sieht dein Lieblingstier aus? Ist es groß oder klein? Hat es ein Fell oder Federn oder schaut es gar ganz anders aus? Was kann dein Lieblingstier besonders gut? Kann es fliegen, kriechen oder gar besonders schnell krabbeln oder laufen? Was bewunderst du am meisten an deinem Lieblingstier? Schaut es vielleicht besonders schön aus oder kann es etwas, das du besonders gut findest?"

Nach einer Weile bittet die Spielleitung die Kinder, wieder ihre Augen zu öffnen. Sie ballen ihre Hände zu Fäusten, recken und strecken sich und stehen über die Seitenlage auf. Jedes Kind holt sich alles, was es zum Zeichnen braucht, und fertigt ein Bild von seinem Lieblingstier an. Abschließend stellen die Kinder ihre Lieblingstiere den anderen vor und erzählen, was sie gerade an diesem Tier so faszinierend finden.

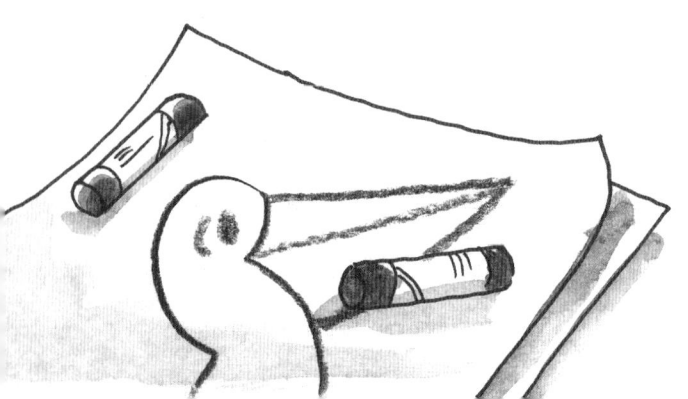

Hören, fühlen und riechen

Alter: ab 5 Jahren
Material: für jedes Kind 1 Decke

Die Kinder legen sich ganz entspannt auf ihre Decken und schließen ihre Augen. Dabei leitet sie die Spielleitung an:

„Hörst du den Gesang der Vögel? Vielleicht gefällt dir eine Vogelstimme besonders gut. Fühlst du den frischen Wind auf deiner Haut? Vielleicht tut dir der Wind heute besonders gut. Riechst du eine Pflanze, die sich in deiner Nähe befindet? Vielleicht kannst du den Geruch auch nur erahnen? Lausche und höre, fühle und begreife, rieche und genieße alles um dich herum und erfreue dich an der Natur, die einzigartig und schön ist."

Die Kinder bleiben noch ein Weilchen liegen, bevor sie die Spielleitung bittet, die Augen zu öffnen. Sie ballen ihre Hände zu Fäusten, recken und strecken sich ausgiebig und stehen schließlich über die Seitenlage auf.

Naturbildmeditation

Alter: ab 5 Jahren
Material: für jedes Kind vier etwa gleich große Stöcke, kleine Naturmaterialien (z. B. Zapfen, Tannenzweige, Moos und Steine)

Die Kinder suchen sich vier Stöcke, die etwa gleich groß sind. Sie legen die Stöcke so wie einen Bilderrahmen direkt vor sich auf den Boden aus. Die Spielleitung hilft, falls nötig.

Danach machen sie sich auf die Suche nach kleinen Naturmaterialien, die sie ganz nach Belieben in ihrem Rahmen auslegen. Dann knien sie sich vor ihr Bild aus Naturmaterialien, um es in aller Ruhe zu betrachten. Dabei können sie immer wieder ihre Augen schließen, um zu überprüfen, ob sie ihr Bild vor ihrem inneren Auge sehen können.

Variante für ältere Kinder

Das Spiel verläuft so, wie oben beschrieben, jedoch gestalten die Kinder jetzt jeweils ein Wald- oder Wiesentier mithilfe der Naturmaterialien. Am Schluss machen die Kinder ein kleines Ratespiel. Wer weiß wohl, welche Tiere die anderen gelegt haben?

Wiesenfantasien

Alter: ab 5 Jahren
Material: für die Hälfte der Gruppe jeweils 1 Decke

Alle Kinder befinden sich auf einer Wiese. Die Hälfte der Gruppe legt sich mit dem Rücken auf ihre Decken und schließt die Augen. Die anderen Kinder bilden einen Sitzkreis um die liegenden Kinder herum. Die Spielleitung leitet die Kinder an:

„Stell dir eine Blumenwiese vor. Lilly (Name eines sitzenden Gruppenkindes), *welche Blütenfarbe gefällt dir besonders gut?"* Das betreffende Kind antwortet z. B.: *„Die gelben Löwenzahnblüten gefallen mir am besten!"* Die Spielleitung zeigt auf das nächste Kind im Kreis und sagt z. B.: *„Stell dir eine Blumenwiese vor. Luc* (anderer Name eines Gruppenkindes), *welche Wiesentiere kannst du sehen?"* Das ausgewählte Kind sagt z. B.: *„Es gibt Käfer, Schmetterlinge und Bienen!"*

Auf diese Weise erfinden die Kinder zusammen mit der Spielleitung eine Fantasiereise, bis alle Kinder im Kreis einmal an der Reihe waren. Am Schluss steht die Zurücknahme, indem die Spielleitung z. B. sagt: *„Langsam verblasst dein Wiesenbild und du öffnest deine Augen. Du machst mit den Händen zwei Fäuste, reckst und streckst dich und stehst langsam über die Seitenlage auf."* Danach tauschen beide Gruppen ihre Rollen und wiederholen das Ganze.

Baummeditation

Alter: ab 4 Jahren
Material: 1 Klangschale, ggf. für jedes Kind 1 Malpapier und 1 Malunterlage, Buntstifte

Die Kinder suchen sich einen großen Baum aus, um den sie sich stellen. Schlägt die Spielleitung die Klangschale an, bleiben die Kinder stehen und betrachten ihren Baum ausgiebig. Sie schließen hin und wieder ihre Augen und lassen das Bild, das der Baum aus ihrer Perspektive abgibt, nachwirken. Sobald jedoch der Klang verklungen ist, machen alle Kinder im Uhrzeigersinn einen großen Schritt nach rechts. Stehen alle wieder auf einem neuen Platz, schlägt die Spielleitung erneut die Klangschale an. Das Spiel endet, wenn die Kinder sich wieder auf ihrem Ausgangsplatz befinden und somit den Baum ringsherum in aller Ruhe betrachten konnten. Wer möchte, kann ein Bild vom Baum malen.

Naturgegenstände ertasten

Alter: ab 5 Jahren
Material: für jedes Kind 1 Naturgegenstand und 1 kälteisolierende, wasserdichte Sitzunterlage, 1 einfarbiges großes Tuch

Jedes Kind macht sich auf die Suche nach einem kleinen Naturgegenstand, der ihm besonders gut gefällt. Sobald alle Kinder etwas

Passendes gefunden haben, setzen sie sich im Kreis auf ihre Sitzunterlagen. In der Mitte breitet die Spielleitung ein einfarbiges Tuch auf dem Wald- oder Wiesenboden aus. Die Kinder halten ihre Naturgegenstände locker in den Händen fest. Jedes Kind tastet seinen Gegenstand ab. Es schließt hin und wieder seine Augen, um zu überprüfen, ob es ihn vor dem inneren Auge sehen kann. Nach ca. einer Minute bittet die Spielleitung die Kinder, ihre Naturgegenstände der Reihe nach auf das Tuch zu legen. Jedes Kind erzählt, was ihm daran so gut gefällt.

Entspannt nach Hause

Alter: ab 3 Jahren
Material: 1 Klangschale

Alle Kinder stehen eng beisammen im Kreis. Die Spielleitung holt sich eine Klangschale und stellt sich zu den Kindern in den Spielkreis. Sie liest den Text und macht die dazu passenden Bewegungen vor. Die Kinder machen gleich mit:

*„Zum Abschied reichen wir uns die Hände.
Der Wald- und Wiesentag geht zu Ende."*
(Sich gegenseitig die Hände geben.)

*„Die Klangschale hören wir jetzt im Kreis.
Dann gehen wir zurück, so wie ich weiß."*
(Erklingt die Klangschale, gehen alle einen Schritt zurück.)

*„Unter den Füßen ist das weiche Gras.
Wir gehen so leise wie ein Feldhas'."*
(Erklingt die Klangschale erneut, lösen die Kinder die Hände und gehen einen Schritt zurück.)

*„Dann atmen wir die Luft tief ein und aus.
Wir winken und gehen entspannt nach Haus."*
(Tief durchatmen und sich gegenseitig zuwinken.)

Spielspaß für Jung & Alt

18 Spiele mit Kindern und Eltern für jede Gelegenheit

Spiele für Kinder und Eltern haben viele nennenswerte Vorteile: Sie fördern das gute Eltern-Kind-Verhältnis, machen Spaß und sorgen für gute Laune. Dadurch, dass die Gruppe meist groß ist, bieten sich die Spiele besonders gut im Freien an. Auf dem Außengelände der Einrichtung, im Wald oder auf der Wiese haben Kinder und Erwachsene dann gleich doppelt so viel Spaß. Im letzten Kapitel folgt nun eine Reihe an Spielen, die sich für Feste und andere Gelegenheiten unter freiem Himmel besonders gut eignen. Sie können zur Auflockerung für zwischendurch oder gar für diverse Spiel-

stationen eingesetzt werden. Die ersten fünf Spiele des Kapitels eignen sich zudem hervorragend zur Begrüßung und zum Kontaktknüpfen, das letzte Spiel kann hingegen gut am Ende eines ereignisreichen Tages im Freien stehen.

Damit alle Kinder, deren Eltern und vielleicht auch deren Großeltern von Anfang an erfolgreich mitspielen können, werden in diesem Kapitel hauptsächlich solche Spiele angeboten, bei denen die Regeln einfach und somit für alle leicht nachvollziehbar sind. Auf diese Weise können Jung und Alt, Groß und Klein gleichermaßen motiviert und voller Begeisterung mitmachen.

Känguru-Begrüßung

Alter: ab 3 Jahren
Material: 1 Handtrommel

Die Spielleitung wählt ein überschaubares Spielfeld aus, auf dem sich die Kinder mit jeweils einem Elternteil verteilen. Jedes Kind wird von seiner Mutter oder seinem Vater getragen und zwar so, dass sich beide gegenseitig gut sehen können. Die Spielleitung holt sich eine Trommel und stellt sich in die Spielfeldmitte. Die Eltern sind die Kängurus, die mit ihren Jungen im Takt durch das Spielfeld springen. Stoppt die Trommel, bleiben sie kurz stehen und schauen sich um. Jedes Känguru geht mit seinem Kleinen auf dem Arm auf ein anderes Känguru zu, das ebenfalls ein Junges vor sich herträgt, um es mit *„Hallo!"* zu begrüßen. Setzt das Trommelspiel wieder ein, hüpfen alle Kängurus mit ihren Jungen weiter, bis die Trommel wieder stoppt. Nach ein paar Spielrunden ist das Spiel beendet.

Speed-Dating für Familien

Alter: ab 3 Jahren
Material: 1 Handtrommel

Die Spielleitung sucht für das Spiel ein übersichtliches Spielfeld aus und holt sich eine Trommel. Zum Rhythmus des Trommelspiels gehen die einzelnen Familien Hand in Hand über das Spielfeld. Stoppt die Trommel, bleiben alle stehen. Je nachdem, ob die Spielleitung *„Zwei!"* oder *„Drei!"* ruft, tun sich jeweils zwei oder drei Familien zu einem Kreis zusammen und begrüßen sich gegenseitig mit Handschlag. Setzt das Trommelspiel wieder ein, verabschieden sich die Familien durch Zuwinken voneinander und gehen erneut im Takt über das Spielfeld. Auf diese Weise wird das Spiel ein paar Mal wiederholt, sodass sich möglichst viele verschiedene Familien gegenseitig begrüßen können.

Sag, wer sind deine Eltern?

Alter: ab 5 Jahren
Material: 1 Handtrommel

Die Spielleitung führt die Kinder mit ihren Eltern zu einem übersichtlichen Spielfeld. Hand in Hand geht jedes Kind mit seiner Mutter oder seinem Vater oder beiden Elternteilen auf eine andere Familie zu, um sich gegenseitig zu begrüßen. Dabei stellt jedes Kind seine Eltern kurz vor. Schlägt die Spielleitung wieder auf die Trommel, fängt das Spiel von vorne an. Nach ein paar Spielrunden ist das Vorstellungsspiel beendet.

Blind Date

Alter: ab 5 Jahren
Material: für Mütter und Väter jeweils
1 Augenbinde

Die Kinder bilden gemeinsam mit den Eltern einen Kreis. Immer ein Kind steht zwischen seinen Eltern oder neben einem Elternteil. Die Erwachsenen erhalten von der
Spielleitung jeweils eine Augenbinde zum
Überziehen. Ein beliebiges Kind führt seine
Mutter oder seinen Vater in die Kreismitte.
Danach ruft es ein anderes Kind auf, das das
Gleiche macht. Alle anderen Erwachsenen
nehmen ihre Augenbinden ab und verfolgen
das Spielgeschehen. Die beiden Erwachsenen geben sich in der Kreismitte zur Begrüßung die Hände, stellen sich gegenseitig vor
und nehmen schließlich ihre Augenbinden
ab. Nach Ende des Blind Dates gehen sie in
den Spielkreis zurück und eine neue Runde
des Spiels beginnt.

Hobby-Pantomime

Alter: ab 5 Jahren

Jede Familie überlegt sich eine Freizeitaktivität, die sie besonders gerne miteinander
draußen macht. Die Familien stellen sich in
einer Reihe auf. Eine beliebige Familie stellt
sich vor die anderen und macht die ausgewählte Freizeitaktivität pantomimisch vor.
Dabei kann auch die nähere Umgebung ein-
bezogen werden. So kann die Familie z. B.
um ein paar Bäume herumwandern oder so
tun, als ob sie im Wald oder auf der Wiese
mit den Mountainbikes fährt. Die anderen
Familien beobachten alles genau und raten,
um welche Freizeitaktivität es sich handelt.
Ist das Rätsel gelöst, ist die nächste Familie
an der Reihe.

Wie gut kennt ihr euch?

Im folgenden Spiel wird getestet, ob die Kinder ihre Mütter oder ihre Väter richtig wahrnehmen und umgekehrt. Welches Paar hat die meisten richtigen Antworten parat und somit gleich die Nase vorne?

Alter: ab 5 Jahren

Die Kinder stehen direkt vor ihrem Vater oder ihrer Mutter in einer Reihe und schauen zu der Spielleitung, die in ca. zehn Metern Abstand zu den Eltern-Kind-Paaren steht. Sie ruft z. B.: *„Die Person hinter dir hat kurze Haare!"* Glauben die Kinder, dass die Antwort zutrifft, heben sie die Hand. Zur Kontrolle drehen sie sich kurz um und schauen nach. Die Kinder, die richtig geantwortet haben, gehen gemeinsam mit ihrem Vater oder ihrer Mutter einen großen Schritt nach vorne. Auf diese Weise setzt die Spielleitung das Spiel fort und ruft z. B.: *„Die Person hinter dir hat eine Hose an!"* Das Spiel ist aus, sobald ein Paar oder gar mehrere Paare direkt neben der Spielleitung stehen. In der nächsten Spielrunde tauschen die Kinder mit ihren Eltern die Rollen.

Packesel-Staffel

Ein Spiel für „starke" Eltern für Sommer- und Herbstfeste z. B. auf dem Außengelände einer Einrichtung.

Alter: ab 3 Jahren
Material: 1 weiße Straßenkreide, 8 Strohballen o. Ä., Trillerpfeife

Vorbereitung
Auf dem Asphalt oder Kopfsteinpflaster zeichnet die Spielleitung mit Kreide eine lange Startlinie auf den Boden. Ausgehend von der Startlinie stellt sie für zwei Gruppen jeweils vier Strohballen der Reihe nach auf und zwar so, dass diese parallel zueinander stehen und jede Gruppe gut im Slalom zwischen den Strohballen laufen kann.

Spielablauf
Die Spielleitung bestimmt zwei Gruppen mit der gleichen Anzahl an Paaren, die aus je einem Erwachsenen und einem Kind bestehen. Jede Gruppe stellt sich in Paaren hinter einem der Strohballen-Parcours auf. Pfeift die Spielleitung in die Trillerpfeife, werden die Erwachsenen zu Packeseln, indem sie z. B. ihre Kinder Huckepack tragen oder sich auf allen Vieren niederknien und die Kinder auf dem Rücken Platz nehmen lassen. Sie müssen jetzt so schnell wie möglich im Slalom um die einzelnen Strohballen laufen und dann auf schnellstem Weg zurück. Durch Abklatschen schicken sie das nächste Paar auf den Parcours. Gewonnen hat die Gruppe, die als Erstes wieder in der richtigen Reihenfolge steht.

Auf die Räuberleiter, schnell hoch!

Alter: ab 5 Jahren
Material: 1 Handtrommel

Die Spielleitung sucht sich ein übersichtliches Spielfeld aus, auf dem die Eltern einen großen Kreis bilden. Sie holt sich eine Trommel und bittet die Kinder, sich im Innenkreis zu verteilen. Zum Rhythmus des Trommelspiels laufen die Kinder hier kreuz und quer durcheinander. Stoppt die Trommel, bilden jeweils zwei Erwachsene mit übergekreuzten Händen eine Räuberleiter. Jedes Kind setzt sich so schnell wie möglich auf eine der Räuberleitern. Dabei dürfen die Fußspitzen nicht den Boden streifen. Das Kind, dem das besonders fix gelingt, erhält die Handtrommel und eröffnet eine neue Spielrunde.

Hinweis: Spielen mehr Kinder als Erwachsene mit, können nicht alle Kinder einen „Platz" ergattern. Die Kinder erhalten in der nächsten Spielrunde eine neue Chance.

Fliegender Teppich

Für das Spiel sollten möglichst Bäume, Büsche und andere Hindernisse in der Nähe sein. Aus diesem Grund bietet sich das Spiel hervorragend für ein Wald- und Wiesenprojekt, aber auch für ein Sommerfest mit vielen Kindern und Erwachsenen an.

Alter: ab 3 Jahren
Material: für jedes Kind 1 einfarbiges Handtuch, für jeweils ein Kind und zwei Erwachsene 1 Geschirrtuch

Vorbereitung

Die Erwachsenen wickeln das Handtuch wie einen Turban um die Köpfe der Kinder. Jeweils zwei Erwachsene stellen sich direkt gegenüber, überkreuzen ihre Arme, geben sich gegenseitig die Hände. Jedes Kind legt ein Geschirrtuch auf die Hände von jeweils zwei Erwachsenen und gestaltet so einen „fliegenden Teppich".

Spielablauf

Die Kinder wählen sich einen der „fliegenden Teppiche" aus und setzen sich darauf. Wie von Zauberhand werden sie auf ihrem fliegenden Teppich durch einen überschaubaren Hindernis-Parcours getragen, der z. B. aus Bäumen, Büschen oder einem Sandkasten bestehen kann.

Variante

Die Spielleitung vereinbart eine kurze Wettlaufstrecke mit den Kindern und Erwachsenen, sodass die Kinder einen Wettflug mit ihren fliegenden Teppichen veranstalten können. Dabei treten immer zwei Kinder, getragen von zwei Erwachsenen, gegeneinander an. Welches 3er-Team wird wohl als Erstes das Ziel erreichen?

Kick in den Kreis!

Alter: ab 5 Jahren
Material: für jede Gruppe 30 Tennisbälle in einer bestimmten Farbe, wie z. B. in Weiß und Gelb, 1 Trillerpfeife, 1 Stoppuhr oder Uhr mit Sekundenzeiger

Die Kinder und deren Eltern bilden zwei gleich große Gruppen. Jede Gruppe erhält von der Spielleitung dreißig Tennisbälle in einer bestimmten Farbe. Die Erwachsenen aus den beiden Gruppen stellen sich jeweils im Kreis auf. Sie stehen breitbeinig und möglichst dicht beisammen, sodass ihre gespreizten Beine jeweils ein Tor bilden. Pfeift die Spielleitung das Spiel an, kicken alle Kinder die Bälle zwischen den Beinen der Erwachsenen ihrer Gruppe durch, sodass die Bälle möglichst im Kreis liegen bleiben. Rollt ein Ball wieder aus dem Kreis, wiederholt das Kind oder ein anderes die Aktion. Nach einer Minute pfeift die Spielleitung das Spiel ab. Jede Gruppe zählt seine Bälle, die im Kreis liegen geblieben sind. Die Gruppe mit der größten Anzahl an Bällen im Kreis, hat gewonnen!

Variante für jüngere Kinder

Die Kinder nehmen statt der Füße die Hände zu Hilfe und rollen die Bälle zwischen den Beinen der Erwachsenen hindurch.

Kling, Glöckchen, kling!

Alter: ab 5 Jahren
Material: Wolle, Schere, 1 Glöckchen,
1 Stoppuhr oder Uhr mit Sekundenzeiger

Vorbereitung

Die Spielleitung bindet mithilfe eines langen Wollfadens ein Glöckchen in Augenhöhe an den Ast eines Baumes fest.

Spielablauf

Jedes Kind schnappt sich seinen Vater oder seine Mutter. Die einzelnen Paare bilden zwei bis drei gleich große Gruppen. Die erste Gruppe stellt sich in einer Reihe ca. fünf Meter vor dem Baum auf. Auf Kommando der Spielleitung hin läuft das erste Paar so schnell wie möglich Hand in Hand in Richtung Baumstamm. Dort angekommen, stellt sich der Erwachsene mit dem Rücken zum Baumstamm auf, geht etwas in die Hocke und verschränkt seine Hände auf Brusthöhe, sodass das Kind auf die Räuberleiter klettern kann. Es benutzt die verschränkten Hände als Tritt für den ersten Fuß und die Schultern des Erwachsenen als Tritt für den zweiten Fuß. Klingelt das Kind mit dem Glöckchen, erhält die Gruppe einen Punkt. Beide laufen rasch zu ihrer Gruppe zurück, um das nächste Paar durch Abschlagen auf die Strecke zu schicken. Haben alle Paare aus der Gruppe das Spiel absolviert, stoppt die Spielleitung die Zeit. Gruppe zwei bzw.

drei möchten die vorgelegte Zeit unbedingt schlagen.
Hinweis: Traut sich ein Kind nicht auf die Räuberleiter, kann der Erwachsene es auch hochheben, sodass es das Glöckchen mit den Händen erreicht.

Tierfamilien-Ratespaß

Alter: ab 4 Jahren
Material: Tierpostkarten

Immer zwei Erwachsene bilden gemeinsam mit drei bis sechs Kindern eine Gruppe und überlegen sich eine Tierfamilie, die im Wald oder auf der Wiese lebt. Alle Gruppen kommen zusammen und stellen nacheinander pantomimisch ihre Tierfamilien vor. Eine Gruppe stellt z. B. eine Vogelfamilie dar, indem die beiden Erwachsenen so tun, als ob sie ihren gefräßigen Jungen im Vogelnest Würmer bringen würden. Die anderen Kinder und Erwachsenen beobachten alles genau und raten, welche Tierfamilie gemeint ist. Derjenige, der als Erstes die richtige Antwort gibt, erhält zur Belohnung eine

Tierpostkarte. In der nächsten Spielrunde stellt eine andere Gruppe z. B. Eichhörnchen oder Feldmäuse pantomimisch dar.

Wo ist der kleinste Baum?

Alter: ab 5 Jahren
Material: für alle Kinder außer einem 1 Augenbinde

Die Spielleitung bestimmt ein überschaubares Spielfeld, auf dem die Eltern sich verteilen. Sie stellen Bäume dar, indem sie sich etwas breitbeinig hinstellen, ihre Arme zur Seite ausstrecken und die Unterarme so anwinkeln, dass sie hoch in die Luft ragen. Die Spielleitung wählt eines der Kinder aus. Alle anderen stellen sich außerhalb des Spielfelds auf und lassen sich von der Spielleitung die Augen verbinden. Das ausgewählte Kind begibt sich auf das Spielfeld und stellt auf die gleiche Weise einen kleinen Baum dar. Ruft

die Spielleitung laut: *„Wo ist der kleinste Baum?"*, betreten die anderen Kinder das Spielfeld und suchen mit verbundenen Augen nach dem kleinsten Baum. Glaubt ein Kind, die Aufgabe gelöst zu haben, ruft es *„Stopp!"* Bestätigt die Spielleitung die Vermutung, nehmen alle ihre Augenbinden ab. Beide tauschen ihre Rollen und eine neue Spielrunde beginnt. Andernfalls setzen alle die Suche nach dem kleinsten Baum fort.

Blinder Vertrauenslauf

Das folgende Partnerspiel bietet sich hervorragend im Außengelände der Einrichtung an und stärkt nicht zuletzt in besonderem Maße das gute Eltern-Kind-Verhältnis.

Alter: ab 5 Jahren
Material: für jedes Eltern-Kind-Paar 1 Augenbinde; evtl. Softbälle in der Größe eines Fußballs

Jedes Kind nimmt seine Mutter oder seinen Vater an die Hand und stellt sich neben die anderen Paare in einer Reihe auf. Die Kinder erhalten von der Spielleitung jeweils eine Augenbinde, mit der sie ihrer Mutter oder ihrem Vater die Augen verbinden. Die Spielleitung stellt sich in ca. zehn Metern Entfernung gegenüber den Paaren auf und gibt das Startkommando. Alle Paare gehen Hand in Hand in Richtung Spielleitung. Wer schafft es als Erstes, seine Mutter oder seinen Vater zu der Spielleitung zu führen?

Variante für ältere Kinder

Je ein Kind und eine Mutter oder ein Vater stehen sich an einer Startlinie aufgereiht gegenüber und klemmen einen Ball zwischen sich ein. Die Spielleitung gibt das Startkommando. Alle Paare gehen los und zwar so, dass sie ihren Ball möglichst unterwegs nicht verlieren. Die Eltern gehen rückwärts. Fällt der Ball auf den Boden, muss das Paar zur Startlinie zurückkehren. Welches Paar wird wohl als Erstes die Spielleitung erreichen?

Würfelfangen

Alter: ab 5 Jahren
Material: 1 Handtrommel, 1 großer Schaumstoffwürfel, 1 Stoppuhr oder Uhr mit Sekundenzeiger

Zu Spielbeginn bilden die Kinder und Eltern einen großen Kreis, in dessen Mitte sich ein Würfel sowie die Spielleitung mit ihrer Handtrommel befinden. Ein Kind oder Erwachsener holt sich den großen Schaumstoffwürfel. Mit jedem Trommelschlag der Spielleitung wandert der Würfel im Uhrzeigersinn von Hand zu Hand. Irgendwann jedoch hört die Spielleitung mit Trommeln auf und ruft: „Stopp!" Die Person, die den Würfel in den Händen hält, würfelt. Sie gibt bekannt, ob sie auf Kinder- oder Erwachsenen-Jagd gehen wird, und fängt die gewürfelte Anzahl an Personen. Wird die betreffende Person die Aufgabe innerhalb von drei Minuten meistern? Falls ja, bekommt sie einen kräftigen Applaus.
Hinweis: Im Gegensatz zu den Kindern dürfen die Erwachsenen beim Fangen lediglich hüpfen.

ABC-Verstecke

Wie der Titel bereits verrät, werden für dieses Spiel gute Versteckplätze, wie z. B. Bäume und Büsche benötigt. Es eignet sich nicht nur für ein Wald- und Wiesenfest, sondern insbesondere auch für das Abschlussfest der Großen im Kindergarten.

Alter: ab 5 Jahren
Material: 2–3 goldene A3-Tonkartonbögen, Lineal, Bleistift, Schere

Vorbereitung

Die Spielleitung überlegt sich ein Wort, z. B. „Fest" oder „Schule". Sie zeichnet für jede Gruppe die dazugehörigen Buchstaben (ca. 15 cm groß und 2 cm breit) auf die goldenen Tonkartonbögen, schneidet diese aus und versteckt sie für jede Gruppe auf einem eigenen überschaubaren Spielfeld.

Spielablauf

Die Kinder nehmen jeweils ein Elternteil an die Hand. Die Paare bilden zwei gleich große Gruppen. Die Spielleitung weist jeder Gruppe ein Spielfeld zu. Sie teilt den Gruppen die Anzahl der versteckten Buchstaben mit. Auf ein Kommando der Spielleitung hin laufen die Kinder aus beiden Gruppen los, um blitzschnell nach den Buchstaben zu suchen. Hat eine Kindergruppe die Buchstaben gefunden, sind die Erwachsenen an der Reihe. Sie müssen nun möglichst rasch mit den Buchstaben das gesuchte Wort erraten und auf den Boden legen. Die Gruppe, die zuerst die Aufgabe erfüllt hat, gewinnt das Spiel.

Hinweis: Können die Kinder bereits lesen und schreiben, helfen sie selbstverständlich mit, die Buchstaben zu einem Wort zusammenzufügen.

Trimm dich fit und gesund!

Die unten aufgeführten Spielstationen bieten sich für einen Waldtag mit ein bis zwei Gruppen an, zu dem sowohl die Kinder als auch die Eltern sportlich gekleidet erscheinen.

Alter: ab 5 Jahren
Material: 1 Springseil (ca. 5 Meter lang), 1 Ei z. B. aus Plastik, 6 grüne Krepppapierstreifen, 1 Augenbinde, 1 blaues Leintuch, 1 Ziehtau (ca. 12 Meter lang)

Vorbereitung

In einem nahegelegenen Waldstück legt die Spielleitung eine kleine Trimm-Dich-Strecke fest. An verschiedenen Stationen stehen jeweils ein bis zwei Erwachsene, die später ein Spiel anleiten und die dazugehörigen Sachen bereithalten.

Spielablauf

Alle anderen Eltern joggen gemeinsam mit den Kindern ganz gemütlich von Station zu Station. Die Kinder absolvieren die verschiedenen Aufgaben.

Beispiele für Waldstationen:

Station 1: Zwei Erwachsene halten das Seil an jeweils einem Ende fest und schwingen es zu zweit. Die Kinder bilden Vierer- oder Fünfer-Gruppen. Die erste Gruppe stellt sich vor das Seil. Immer wenn das Seil oben ist, läuft ein Kind rein und springt darüber. Auf diese Weise kommen immer mehr Kinder hinzu und springen Seil. Wird die Gruppe es schaffen, dass alle gemeinsam über das Seil springen? Nach einer Weile ist Gruppe zwei an der Reihe.

Station 2: Alle Kinder außer einem, das den Kuckuck spielt, stehen breitbeinig im Kreis, Gesicht der Kreismitte zugewandt. Der Kuckuck befindet sich außerhalb des Kreises. Er rollt sein Spielzeug-Ei in ein fremdes Nest bzw. durch die Beine eines Kindes. Bemerkt das Kind den Kuckuck, nimmt es das Ei und verfolgt ihn blitzschnell im Uhrzeigersinn. Schafft es der Kuckuck, in die Kreislücke zu laufen, ohne von dem Kind abgeschlagen zu werden? Falls ja, darf er nicht mehr gefangen werden. In diesem Fall tauschen beide die Rollen. Schnappt jedoch das Kind den Kuckuck, dann muss er das Ei zurücknehmen und sich ein anderes Nest suchen.

Station 3: Die Kinder teilen sich in zwei Gruppen auf. Der Erwachsene wählt für die Gruppen ein überschaubares Spielfeld aus und bittet Gruppe eins, die Augen zu schließen. Gruppe zwei erhält von dem Erwachsenen sechs grüne Krepppapierstreifen, die sie gemeinsam verstecken. Sind alle Streifen versteckt, öffnet Gruppe eins die Augen und macht sich auf die Suche. Gruppe zwei zählt ganz langsam bis zwölf. Schafft es Gruppe

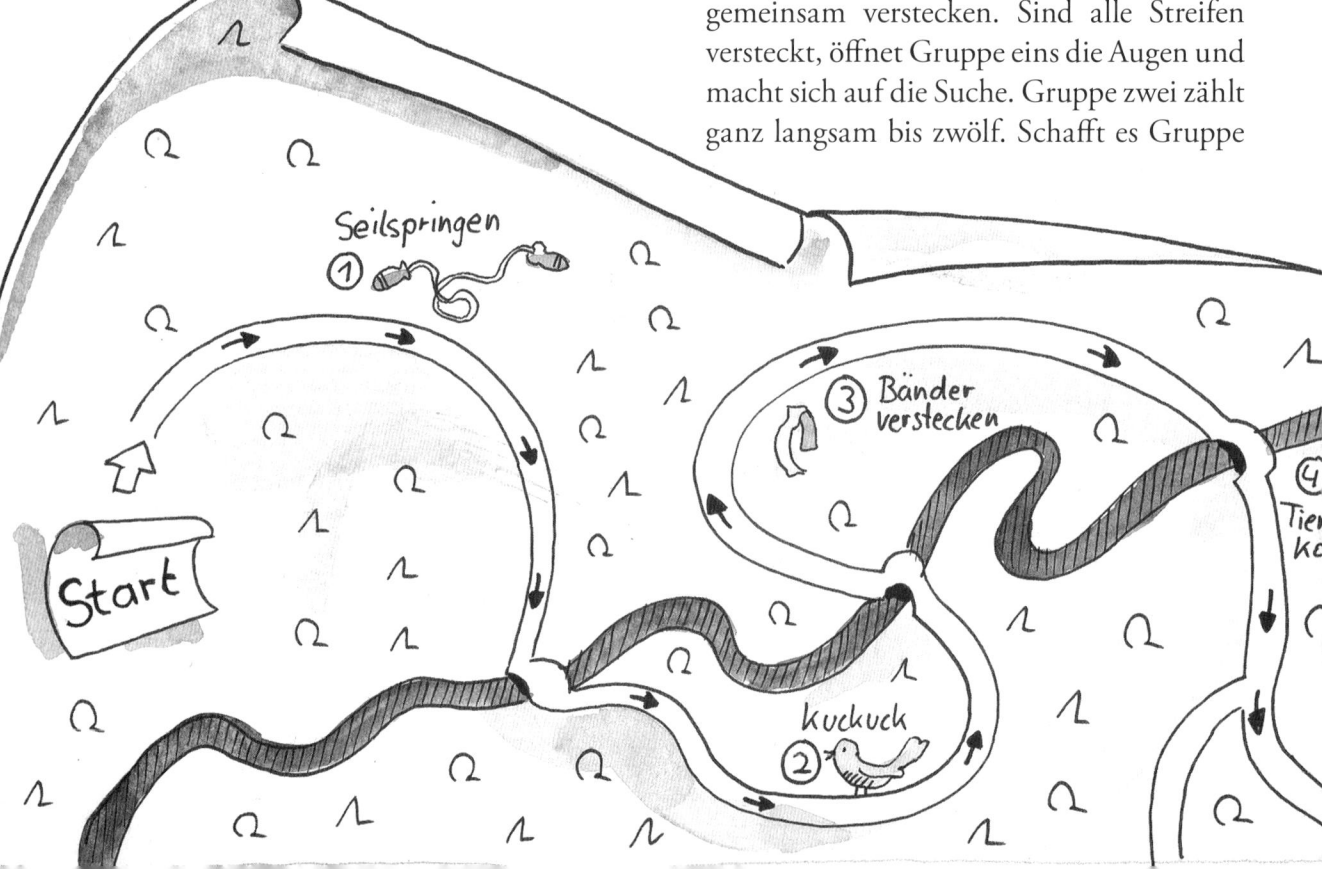

eins, alle Krepppapierstreifen zu finden, bevor die anderen mit Zählen fertig sind? Die Gruppen tauschen ihre Rollen und wiederholen das Spiel.

Station 4: Alle Kinder stehen im Kreis beisammen. Ein Kind begibt sich in die Kreismitte und lässt sich von dem Erwachsenen die Augen verbinden. Es erhält den Auftrag, aus dem folgenden Tierkonzert, Tiere einer bestimmten Gruppe herauszuhören, z. B. Bauernhoftiere. Der Erwachsene tippt drei bis vier Kinder aus dem Kreis an, die sich ein Bauernhoftier ausdenken, das sie gut akustisch darstellen können. Alle anderen Kinder überlegen sich ein Wald- und Wiesentier. Gemeinsam machen die Kinder ihre Tierlaute vor. Wird das Kind die Bauernhoftiere unter all den vielen Wald- und Wiesentieren herausfinden? Unabhängig davon rät in der nächsten Runde ein anderes Kind in der Kreismitte die gesuchten Tiere.

Station 5: An der letzten Station angekommen, findet ein großes Tauziehen statt, bei dem die Kindergruppe gegen ein paar wenige Eltern antritt. Die Mittellinie bildet ein blaues ausgebreitetes Tuch, ein Bach, über das die beiden Gruppen ihr Seil am jeweils entgegengesetzten Ende spannen. Welche Gruppe wird wohl als Erstes in den Bach fallen, also auf das Tuch treten und dabei der anderen Gruppe zum Sieg verhelfen?

Hinweis: Dadurch, dass die einzelnen Stationen bewusst einfach ausgestattet sind, können die Sachen schnell wieder mitgenommen werden, sodass am Ende alle gemeinsam, z. B. in der Kita, wieder ankommen.

Auf Wiedersehen, liebe Familie!

Alter: ab 3 Jahren
Material: Papiertaschentücher, 1 Handtrommel

Die Spielleitung sucht für das Spiel ein übersichtliches Spielfeld aus und holt sich eine Trommel. Alle Familien verteilen sich auf dem Spielfeld und erhalten Papiertaschentücher. Die Spielleitung stellt sich in die Spielfeldmitte. Zum Rhythmus des Trommelspiels gehen alle über das Spielfeld. Stoppt die Trommel, ruft die Spielleitung eine Familie mit Namen auf. Alle anderen Familien sagen laut *„Auf Wiedersehen!"* und winken mit ihren Papiertaschentüchern der betreffenden Familie zu. Setzt das Trommelspiel wieder ein, gehen alle Familien wieder im Takt über das Spielfeld. Das Spiel ist aus, wenn alle Familien verabschiedet wurden.

Anhang

Register

Literatur

Erkert, Andrea: Beweg-dich-Spiele – Für Kita, Hort & Schule, Freiburg im Breisgau 2011

Erkert, Andrea: Die 50 besten Wald- und Wiesenspiele, München 2012

Erkert, Andrea: Die 50 besten Spiele zum Austoben, München 2011

Erkert, Andrea: Das Kreisspiele Buch – Temporeiche und ruhige Spielideen für alle Gelegenheiten, Münster, 3. Auflage, 2007

Erkert, Andrea: Raus in den Wald! – Spiele und Ideen rund um Wald und Wiese, Freiburg im Breisgau, 3. Auflage, 2006

Erkert, Andrea: Spritzige Wasserspiele, Münster 2010

Gegier, Birgit: 111 Ideen für die aktive Pausengestaltung – Sport-, Spiel- und Organisationsideen für drinnen und draußen, Mühlheim an der Ruhr 2010

Geißler, Uli & Rieger, Birgit: Das große Ravensburger Natur-Spielebuch – Über 190 Spiele für Kinder, Ravensburg, 4. Auflage, 2003

Gisela, Walter: Die schönsten Spiele für drinnen und draußen – 250 tolle Ideen für Kinder von 4–10, München 2007

Griesbeck, Josef: Die 50 besten Spiele für draußen, München, 3. Auflage, 2005

Grüger, Constanze: Bewegungsspiele für eine gesunde Entwicklung – Psychomotorische Aktivitäten für drinnen und draußen zur Förderung kindlicher Fähigkeiten und Fertigkeiten, Münster, 7. Auflage, 2010

Hemming, Antje: Sternstunden im Wald – Den Wald von Frühling bis Winter mit Kindern fantasievoll erleben und erkunden – Mit 32 Konzeptstunden, 4 Jahreszeitenfesten, 64 Naturinfokarten, Münster 2011

Jacoby, Edmund & Berner, Rotraut Susanne: Himmel, Hölle, Blindekuh – Kinderspiele für drinnen und draußen, Reihe Hanser, München 1999

Lacis, Elisabeth: Die besten Waldspiele für Kita-Kinder! Zertifiziert und herausgegeben vom Landesverband der Waldkindergärten, Mühlheim an der Ruhr 2011

Lange, Franziska: Endlich Pause – Spiele für drinnen und draußen, Münster 2003

Lohf, Sabine & Bestle-Körfer, Regina & Stollenwerk, Annemarie: Komm, wir gehen raus – Mit Kindern aktiv sein, München 2010

Neumann, Antje & Neumann, Burkhard: Waldfühlungen – Das ganze Jahr den Wald erleben – Naturfühlungen, Aktivitäten und Geschichtenfibel – Mit Spielen, Übungen und Rezepten, Münster, 11. Auflage, 2009

Neumann, Antje & Neumann, Burkhard: Wiesenfühlungen – Das ganze Jahr die Wiese erleben, Naturfühlungen, Wahrnehmungsspiele und Geschichtenbuch – Mit Spielen, Übungen und Rezepten, Münster, 4. Auflage, 2009

Portmann, Rosemarie: Die 50 besten Bewegungsspiele, München 2009

Pröger, Wilfried: Spielen im Freien … und niemand verliert! Mit allen Sinnen eine Welt gewinnen, Celle 2009

Reinhard, Petra: Alte und neue Kinderspiele – für drinnen & draußen, München 2009

Reinhard, Petra: Die schönsten 5 Minuten-Spiele – für drinnen und draußen, München 2006

Saudhof, Katrin & Stumpf, Birgitte: Mit Kindern in den Wald – Wald-Erlebnis-Handbuch, Planung, Organisation und Gestaltung, Münster, 14. Auflage, 2009

Von Kessel, Carola: Die schönsten Hüpfspiele, Kempen 2006

Die Autorin

Andrea Erkert ist Erzieherin, Entspannungspädagogin und Fachlehrerin einer Grundschulförderklasse in der Nähe von Stuttgart. Seit mehreren Jahren bietet sie praxisnahe Fortbildungen für ErzieherInnen und LehrerInnen u.a. zu den Themen Entspannung, Bewegung, Wald- und Wiesenspiele direkt vor Ort an, sodass die TeilnehmerInnen das gewählte Thema unmittelbar in ihrer Einrichtung und auf ihrem Außengelände erleben können. Zudem steht sie als Referentin für Elternabende zur Verfügung.

Im Ökotopia Verlag sind bereits zahlreiche Veröffentlichungen von ihr erschienen, z. B.

„Das Stuhlkreisspiele Buch", „Kinderleichte Ruherlebnisse", „Alle Straßenschilder hüpfen fröhlich in die Höh'" und „Piraten & Prinzessin".

Anfragen für ganz- oder halbtägige Seminare und Elternabende:
Andrea Erkert
Seelacher Weg 79
71522 Backnang
Deutschland
oder
817 Columbus Ave
Lehigh Acres, FL 33972
Florida, USA
Tel. (07191) 908357
Fax: (07191) 908359
andrea.erkert_florida-sun@t-online.de

Die Illustratorin

Anne Wöstheinrich, Dipl. Designerin, geboren 1969 in Beckum, studierte Illustration und Grafik-Design an der Fachhochschule Münster. Seit 13 Jahren arbeitet sie als selbstständige Kinder-, Jugend- und Schulbuchillustratorin für verschiedene Verlage.

STERNSTUNDEN

Sybille Bierögel · Antje Hemming

Sternstunden im Kinderturnen

Fantastisches Erlebnisturnen mit 64 Geräte-Karten, kompletten Stundenbildern und zahlreichen Fotobeispielen

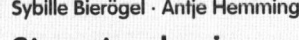

Diese kompakte Arbeitsmappe bietet Neueinsteigern wie „alten Kinderturn-Hasen" über 40 kreative Turnstunden ohne großen Zeit- und Arbeitsaufwand. Turnhalle und Bewegungsraum verwandeln sich durch fantasievolle Gerätelandschaften in spannende Szenarien: Im Land der Kängurus, als Pirat auf hoher See oder in der Gespensterschule kommen Kinder mit viel Spaß in Bewegung.

ISBN 978-3-936286-89-2

Sybille Bierögel · Antje Hemming

Sternstunden im Erlebnisturnen

Spannende Turnstunden für Kinder in Grundschule, Sek I, Ganztag und Verein – mit 64 Gerätekarten, 44 kompletten Stundenbildern und umfangreichen Fotobeispielen

Der praktische Ringordner bietet über 40 kreative und schnell umsetzbare Stundenbilder für thematische Sportstunden. Jedes Konzept ist einzeln herausnehmbar und kann mit den passenden Gerätekarten in der Halle auch mithilfe der Kinder schnell und strukturiert umgesetzt werden. Die zahlreichen Fotos ermöglichen eine gute Übersicht und Orientierung bei der Auswahl.

ISBN 978-3-86702-077-0

Sybille Bierögel · Antje Hemming

Sternstunden im Kleinkindturnen

Fantasievolle Turnstunden für Kinder von 1-5 Jahren in Kindertageseinrichtungen und Eltern-Kind-Gruppen
Abwechslungsreiche Schauplätze und kindgerechte Themen wie Tiere, Jahreszeiten, Karneval, Kuscheltiere oder Baustelle für das Turnen mit Alltagsmaterialien wie Schwämmen, Kartons, Zeitungen etc. sorgen für viel Spaß und fördern gezielt kindliche Bewegungsabläufe. Ergänzt werden die Angebote durch viele Spiele, Lieder, Kniereiter und Bastelvorschläge. Alle Geräteaufbauten sind mit Fotokarten.
Die zugehörige CD enthält alle Lieder aus dem Ordner, von Ralf Kiwit liebevoll eingespielt. Ein Rundum-Paket für alle, die mit kleinen Kindern fantasievoll in Bewegung kommen wollen.

ISBN (Ordner) 978-3-86702-111-1
ISBN (CD) 978-3-86702-112-8

Antje Hemming

Sternstunden im Wald

Den Wald von Frühling bis Winter mit Kindern fantasievoll erleben und erkunden

32 Konzepte für abwechslungsreiche Waldtage und vier große Jahreszeitenfeste, alle übersichtlich beschrieben und mit zahlreichen Fotos nachvollziehbar angeleitet bieten fantasieanregende Themen, kindgerechte Naturbeobachtungen, bewegungsintensive Spiele und Bastelaktionen mit Naturmaterialien.

Die 64 Naturinfokarten im Anhang beinhalten weitere Informationen und Hinweise zur Bestimmung von Bäumen, Blumen und Tieren im Wald. Checklisten und Informationen für Eltern vervollständigen die Vorbereitungen.

ISBN 978-3-86702-142-5